에스프레소

그 행복한 사치

에스프레소 그 행복한 사치

글 | 공병호
카툰 | 오금택

1판 1쇄 발행 | 2007. 3. 28
1판 6쇄 발행 | 2010. 8. 31

펴낸이 | 김영곤
펴낸곳 | (주)북이십일_21세기북스
책임편집 | 정지은 · 이승희 · 윤영림
기획편집 | 박종운 · 이용우 · 이성용 · 엄영희 · 박의성
영업마케팅 | 김용환 · 이경희 · 김보미 · 허정민
디자인 | 김은경

등록번호 | 제10-1965호
등록일자 | 2000. 5. 6

주소 | 경기도 파주시 교하읍 문발리 파주출판문화정보산업단지 518-3(413-756)
전화 | 031-955-2100(대표) 031-955-2731(기획 · 편집)
팩스 | 031-955-2151(대표)
이메일 | book21@book21.co.kr
홈페이지 | http://www.book21.com

값 10,000원
ISBN 978-89-509-1103-4

공병호의
초콜릿
봄

에스프레소
그 행복한 사치

글 **공병호** / 카툰 **오금택**

21세기북스

contents

프롤로그 · 10

☕ 카페모카 · 휴식 속에 피어나는 불꽃 에너지

진정한 휴식 · 14

의미를 찾아 떠나는 여행 · 18

수동모드로 두뇌 전환하기 · 20

작은 관심과 격려 한 마디 · 24

적당한 긴장감은 에너지가 된답니다 · 26

되돌아보는 여유 · 30

한여름의 크리스마스 · 32

호사스럽게 사는 방법 · 36

집념과 아이디어 · 38

아내의 외출 · 42

추억 만들기 · 44

늦기 전에 미리미리 · 48

카페라테 · 햇살이 슬며시 우리를 비껴갈 때

오믈렛을 먹으려면 달걀부터 깨기 · 54

게으름의 그림자가 슬쩍 발목을 잡을 때 · 58

자각의 순간들 · 62

자연의 이치는 원래 불공평한 것 · 64

세상 혼자라는 절박감 · 68

누구나 초보 · 70

피해의식은 성공의 기폭제 · 74

아니다 싶은 건 과감히 포기하세요 · 76

다 잘될 거야! · 80

불안감은 미래의 적 · 82

젊은 날의 화려한 성공 · 86

버릴 수 없다면 사랑하라 · 88

아메리카노 · 날마다 새롭게 태어나는 영혼

소소한 일상이 가져오는 작은 감동 · 94

곡선의 미학 · 98

아름다운 얼굴 만들기 · 102

젊은 나와 만나는 일 · 104

처음 느낌 그대로 · 108

당신의 목적지 알고 있나요? · 110

행복을 쌓아가는 부자 · 114

내 자리는 내가 지킨다! · 116

감동을 전하는 삶의 모습 · 120

성장 mindset · 122

행운의 여신을 만나고 싶으세요? · 126

카푸치노 · 사소한, 너무나 사소한 성공 키워드

요리 비법을 소개합니다 · 132

독보적인 존재 되기 · 136

숙성의 시간 · 140

변화에 적응하기 · 142

가치 있는 서비스 · 146

성공의 열쇠를 만드는 방법 · 148

좋은 습관이 안겨주는 대가 · 152

버려둔 주인의식을 찾아오세요 · 154

우등생을 만든 부모들 · 158

보고 또 보고 자꾸 보고 · 160

고수 VS 하수 · 164

마키아토 · 불타는 노을, 그 열정의 미학

행복한 시간 만들기 · 170

스스로 행복 찾기 · 174

내일은 또 내일의 태양이 떠오릅니다 · 178

젊음은 순간일 뿐입니다 · 180

기회는 있을 때 잡아야지요 · 184

자신과의 한 판 승부 · 186

내면을 가꾸면 매력이 넘쳐나요 · 190

내 인생은 나의 것 · 192

새벽을 여는 아버지 · 196

입은 닫고 귀는 열어라 · 198

감사함이 가슴을 채울 때 · 202

아름다운 선택 · 204

프롤로그

　매순간 분주하게 살아가지만, 저에겐 삶을 즐기는 나름의 방법이 있습니다. 일상 속에서의 사치 혹은 호사라고 할 수도 있을 것입니다. 강연을 위해 이동하는 중에 자투리 시간이 남을 때, 새로운 일의 시작을 위해 마음을 다잡고 싶을 때, 헝클어져 있는 생각들을 정리하고 싶을 때, 아이디어가 멈춘 채 더 이상 진행되지 않을 때, 의욕이 크게 떨어질 때면 저는 어김없이 도시의 성스러운 장소를 방문합니다. 그곳은 짙은 커피 향이 풍기고 조용한 음악과 은은한 실내등이 켜져 있으며 창밖으로 분주하게 거리를 오고 가는 사람들을 볼 수 있는 곳입니다.

　우선 짙은 맛의 에스프레소나 부드러운 거품이 이는 카페라떼 한 잔을 앞에 놓고 노트북을 펴 세상과 나를 연결합니다. 혼자가 아니라 세상의 일원임을 확인하는 셈이지요. 그리고 한두 권의 책을 꺼내어 잠시 몰입하면 어느 사이 안고 온 고민들은 저만치 달아나고 '아, 이것이 진짜 행복이구나!' 라는 느낌이 가슴 가득 밀려옵니다. 그윽한 커피 향에 취하고, 음악에 취하고, 활기찬 젊은이들의 모습에 취한 채, 책 속에 빠져들면 어느새 몸과 마음에 에너지가 채워지고 있음을 확인합니다.

삶이 참 덧없다고 느껴질 때가 있지요. 누군가로부터 예상하지 못한 상처를 받고 쓸쓸해 질 때도 있고, 날로 치열해지는 세상 속에서 지쳐버린 자신을 발견할 때도 있습니다. 그런 순간에 처했을 때 스스로 위기를 극복할 수 있는 힘과 위안을 줄 수 있는 책을 만들고 싶었습니다. 그리고 다시 시작할 수 있는 지혜도 함께 줄 수 있는 책 말입니다. 『공병호의 에스프레소』는 카페라떼, 카페모카, 아메리카노, 카푸치노, 마키아토 등, 모두 다섯 개의 장으로 이루어져 있습니다. 각자의 취향에 따라 골라 드셔도 좋고, 모두 맛을 보신 후 각각의 향과 깊이를 되새겨 보시는 것도 좋을 것입니다.

휴식 속에 피어나는 에너지를 담아 여러분께 선보이기까지 많은 분들이 수고를 아끼지 않으셨습니다. 투박한 원고를 다듬어 주신 김경수 작가님, 멋진 아이디어를 제공한 정지은 님과 박종운 님께 감사의 마음을 전합니다. 진하디 진한 한 잔의 에스프레소가 여러분의 삶을 보다 깊고 향기롭게 변화시켜 줄 수 있다면 더 바랄 것이 없겠습니다.

2007년 3월 ... **공병호**

카페모카

휴식 속에 피어나는 불꽃 에너지

진정한
휴식

릴렉스~

　온몸의 기운이 다
빠져나가 더 없이 지쳐버리
고 마는 순간들이 있습니다. 그렇다고 몸과 마음이 이 지경이 된 것에 대
해 누굴 탓할 수도 없습니다. 기름을 안고 불구덩이로 뛰어드는 것처럼
스스로를 관리하지 않은 자신의 미련함을 탓할 수밖에요. 일에 최선을 다
하는 것도 좋지만 몸과 마음을 최적의 상태로 유지하는 것 또한 소홀히
해서는 안 되는 부분이기 때문입니다.

　그래서 우리는 어떻게 하면 생기 있는 모습을 유지할 수 있을까 고민하
게 되지요. 그런데 사람들은 휴식이라고 하면 흔히 큰맘을 먹어야만 실천
할 수 있는 거창한 휴가를 상상하게 마련입니다. 하지만 우리가 필요로
하는 휴식은 일상에서 틈틈이 만들어 내는 작은 것으로도 충분합니다.

　우선, 하루에 단 몇 분이라도 쉬는 시간을 만드는 것입니다. 이러한 습
관들은 오히려 일의 능률을 올리는 좋은 방법이지요. 굳은 몸과 마음을
풀어주면 기분도 전환되고 머릿속도 맑아져 오히려 집중력이 높아지니까
요. 이 정도의 시간을 투자한다고 해서 일이나 생활에 지장이 생기지는
않으니 걱정하지 마세요.

또 하루 일과가 끝나고 잠자리에 들기 전에 그날의 일들을 되새겨 보는 것입니다. 특히 스스로 칭찬할 만한 일을 했을 때는 더욱 그렇습니다. 이는 성공 체험을 하나하나 축적해가는 습관을 들이는 것이기도 합니다. 조금 쑥스러운 일이긴 하지만 스스로에게 '정말 잘했어'라고 칭찬과 격려를 아끼지 않는 것입니다. 이러한 방법도 하나의 휴식이 될 수 있습니다.

마구잡이로 밀어붙이기보다는 하나하나 단계적으로 일을 매듭지어 처리하는 습관을 들여 보세요. 사이사이 휴식을 취하면서 말입니다. 이러한 방식은 일에 대한 중압감을 덜면서 동시에 효과적으로 일을 처리할 수 있는 방법입니다. 게다가 일이 마무리 될 때마다 스스로를 칭찬할 계기가 자주 주어지게 되니 겸사겸사 좋은 결과를 불러오지요. 이러한 방법만으로도 기분을 한층 드높일 수 있고 동시에 자긍심을 만들어 낼 수 있으니, 어찌보면 휴식은 일보다 더 중요한 조건이라고 할 수 있습니다.

잠깐 눈을 감아 보세요 그리고 하늘로 날아 보는거죠

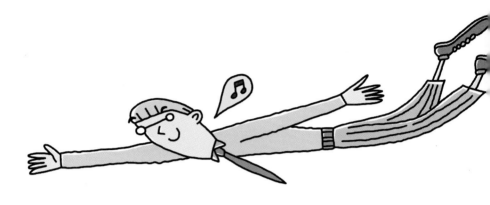

  몸이 피곤하면 마음까지도 피폐해져 자연히 모든 의욕이 떨어지게 마련이지요. 단 5분이라도 틈을 내어 스트레칭도 하고, 차도 한 잔 마시며 창밖을 바라보는 여유를 가져보세요. 스스로 창조하기에 따라 삶의 질적 수준은 달라집니다. 값비싼 휴양지에서 보내는 휴가만이 삶의 질을 높여 주는 것은 결코 아닙니다. 자신의 몸과 마음을 사랑으로 보살피고 조절하는 것이 진정한 휴식입니다.

의미를 찾아 떠나는 여행

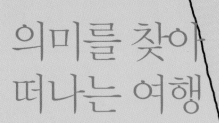

항상 씩씩하게 무엇인가를 향해 나아가는 사람과 늘 불만과 무료함에 지쳐 살아가는 사람 사이에는 어떤 차이가 있을까요. 그것은 곧 의미를 찾아내는 능력의 차이가 아닐까 합니다.

삶의 순간순간 처리하는 일 속에서, 삶의 순간순간 만나는 사람 속에서, 삶의 순간순간 부딪치는 고통과 고난 속에서 의미를 찾아낸다는 것은 대단한 경험입니다.

직장을 다니노라면 지금 하고 있는 일이 지겹게 느껴지는 순간이 있습니다. 그런 생각이 들기 시작하면 일에 대한 흥미도 사라져 마지못해 일을 처리하게 되지요. 일이란 즐기며 하는 가운데 능률도 오르고 보람도 생기는 법인데, 억지로 하는 일에서는 그 어떤 성과도 찾아내기 힘들 것입니다.

'Life is a discovery journey' 라는 말이 있습니다. 끝없이 '의미를 찾아가는 여정', 그 자체가 곧 삶인 것이지요.

일요일 오후, 커피 한 잔 마시며 자신의 내면세계로 여행을 떠나는 것은 어떨까요. 책상에 앉아 바깥 풍경을 바라보며 떠나는 여행도 괜찮고, 산책을 하다가 잠시 쉬어가는 공원 벤치도 좋습니다.

저도 막 여행을 떠나려던 참이었습니다. 찻집에 들러 커피의 깊은 맛도 느끼고 잠시 책을 읽으면서 저만의 세계로 여행을 떠나볼까 합니다. 스스로의 삶을 돌아볼 수 있는 여유를 만드는 것도 능력의 하나라는 사실, 알고 계시지요? 삶의 의미를 찾아 떠나는 여행, 그 첫 번째 발걸음은 바로 자신의 내면을 향해 떼어놓는 것입니다.

수동모드로
두뇌
전환하기

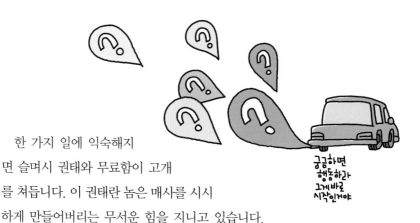

궁금하면
행동하라
그게바로
시작인거야

한 가지 일에 익숙해지
면 슬며시 권태와 무료함이 고개
를 쳐듭니다. 이 권태란 놈은 매사를 시시
하게 만들어버리는 무서운 힘을 지니고 있습니다.
그래서 권태의 늪에 빠지지 않기 위해서는 스스로 '지적 진동'을 주는 방
법을 익히고 있어야 합니다.

두뇌를 연구하는 사람들이 말하기를, 권태가 찾아오면 두뇌는 자동모
드로 전환된다고 합니다. 다시 말해 깊은 생각이나 별 다른 고민 없이 매
사를 판단한다는 것이지요. 이런 사고로 특별한 기회를 잡을 수 없는 것
은 지극히 당연합니다. 정지된 사고와 판단에서 비롯된 의견은 식상하기
이를 데 없는 것들이기 때문이지요. 보통 사람들이 생각하는 이상의 것을
가지고 있어야만 특별한 기회를 잡을 수 있을 텐데 말입니다.

그렇다면 어떻게 지적 진동을 줄 수 있을까요? 어렵지 않습니다. 자기
자신에게 자주 질문을 던지면 되는 것이지요. 물론 그 밑바탕에는 호기심
이 깔려 있어야 가능하고요.
예를 들어, 어떤 문제가 발생했을 때 지극히 상식적인 선에서의 해결책

을 떠올리기보다 '왜 그럴까?'라는 질문을 지속적으로 던지는 것입니다. 전문가들은 이 같은 과정을 통해 자동모드 상태였던 두뇌가 수동모드로 변화한다고 말합니다.

스스로에게 흥미로운 질문을 던지는 것처럼 지적 자극을 제공하는 일도 드뭅니다. 지속적으로 질문을 던진다는 것은 다르게 말해, 두뇌로 하여금 질문에 대한 답을 요구하는 일종의 명령어나 지시어를 제공하는 것과 같다고 할 수 있습니다.

기회란 대단한 일에서부터 나오는 것이 아닙니다. 오히려 일상의 아주 사소한 경험이 커다란 기회를 만들어 주지요. 일상적인 것을 비범한 것으로 만드는 재주는 결코 타고나는 것이 아닙니다. 스스로의 노력 여하에 따라 달라집니다. 오늘날처럼 불황의 골이 깊을 때는 우리 모두에게 더욱 필요한 덕목이라 생각합니다.

순간순간을 그저 무의미한 일상의 반복이라고 치부해버리고 있지는 않으세요? 사소한 하나하나에 의미를 부여하고 새로움을 발견해 보세요. 그리고 스스로에게 지속적으로 질문을 하는 겁니다. 자신의 두뇌에 끊임없이 지적 진동을 제공하다 보면 상상 이상의 아이디어가 튀어나오게 되지요. 하루 하루의 삶이 경이롭게 느껴질 것입니다.

잠시 내려서
"왜지?" 라고
질문해 보세요
모든 일이 다
새로워 질겁니다

작은 관심과
격려 한 마디

"저는요, 왼쪽에는 조그만 팩스기를 놓고, 오른쪽에는 프린터를 놓은 채 그 중앙에 노트북을 놓고 작업을 하시는 아빠에 대한 기억이 늘 또렷하게 남아 있어요."

며칠 전 저녁 식사 도중 막내아들과 함께 나눈 대화의 일부입니다. 팔불출 같은 소리이긴 하지만, 제 막내아들은 관찰력이 뛰어나서 타인의 사소한 부분까지도 눈여겨보고 격려할 줄 아는 능력을 지니고 있는 듯합니다.

그런 아이의 모습을 보면서 돌아가신 아버지께 그렇게 하지 못한 제 자신을 나무라곤 합니다. 아버지란 존재는 격려 따위 필요로 하지 않는 사람이라고 생각했었거든요. 한 마디로 전지전능한 분이라고 믿었으니까요. 얼마나 무모하고 이기적인 생각입니까. 그러나 이제와 후회한들 무슨 소용이겠어요. 성인이 되어 아버지가 병상에 눕게 되고 나서야 아버지께 이런 말씀을 드렸던 기억이 납니다.

"아버지, 정말 고생 많이 하셨습니다. 그 거친 세월을 어떻게 살아오셨
는지 그저 고마울 뿐입니다. 아버지께서 살아오신 생 그 자체가 저에겐
가장 큰 용기이자 희망입니다."

발음이 어눌해져 말씀조차 제대로 못 하시던 아버지는
오히려 저에게 감사의 마음을 표현하려고 애쓰셨습
니다. 눈물까지 글썽이시면서 말이지요. 부모 역시
때로는 격려와 위로의 말을 듣고 싶어한다는 것을
그제야 깨달았습니다.

이는 비단 부모자식 간에만 해당되는 말은
아닙니다. 평소 무심하게 지냈던 주변 사람
들을 돌아보며 위로와 격려의 한 마디
건네 보세요. 당신의 뜻밖의 행동에
상대는 기대 이상의 활력을 갖게
될 테니까요.

당신의
한마디
위로가
그에게는
큰격려가
됩니다

적당한
긴장감은
에너지가
된답니다

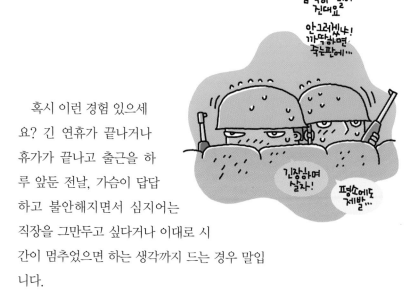

혹시 이런 경험 있으세
요? 긴 연휴가 끝나거나
휴가가 끝나고 출근을 하
루 앞둔 전날, 가슴이 답답
하고 불안해지면서 심지어는
직장을 그만두고 싶다거나 이대로 시
간이 멈추었으면 하는 생각까지 드는 경우 말입
니다.

많은 분들이 고개를 끄덕끄덕 하시는군요. 몸도 마음도 물 먹은 솜처럼
무거워져, 이러고 살아야 하나 싶은 생각에 눈물이 핑 돌기까지 합니다.
그래서 월요병이 생기기도 하고 휴가증후군이란 말이 나오기도 하나 봅
니다.

바로 이럴 때를 대비해 자신에게 맞는 '일상 규율법' 한두 가지쯤 알고
있는 것도 괜찮을 듯합니다. 아침에 일어나면 자신에게 먼저 이런 질문을
던집니다. 내 몸과 마음은 어떤 상태를 가장 자연스럽게 받아들일까 하고
말입니다.

답은 분명합니다. 두말 할 것도 없이 완전히 풀어진 상태입니다. 물에 젖어 풀어진 휴지처럼 말입니다. 그 상태를 마냥 누리기 위해 몸과 마음은 쉽게 긴장이란 단어를 불러오지 않습니다. 그래서 스스로 적당한 긴장을 유지할 필요가 있는 것이지요.

오래 전부터 저는 자리에서 일어나면 우선 맨손체조부터 하는 습관이 있습니다. 꼭 하고 싶어서라기보다는 효율적인 필요성에 의해 시작한 것이 이제는 일상의 습관이 된 것이지요. 몸을 움직이는 것은 곧바로 지적 활동을 하는 데 매우 효과적입니다. 동시에 기분을 전환시킬 수도 있고요. 제 나름대로 고도의 생산성을 유지할 수 있는 비결은 바로 이런 사소한 습관 때문입니다.

잠시 쉴 기회가 생겼다고 해서 널브러지듯 풀어지는 것은 바람직하지 않습니다. 풀어진 몸과 마음을 추스르려면 또 몇 배 이상의 에너지를 소모해야 하거든요. 그렇게 되면 오히려 쉬지 않느니만 못한 결과를 불러오지요. 적당한 긴장을 유지시키는 습관은 블랙홀처럼 수렁으로 빠져드는 자신의 몸과 마음을 지켜주는 수호천사입니다.

되돌아보는
여유

한 해가 저물 때면 누구에게나 아쉬움은 남게 마련입니다. 좀더 열심히 일하지 못 한 것부터, 부모님께 잘해드리지 못 한 것, 함부로 낭비해버린 시간들, 운동부족으로 망가진 몸, 떠나가는 사람을 잡지 못한 일 등등, 후회의 일들이 한두 가지가 아니지요.

하지만 시간은 되돌릴 수 없으니 이 모든 후회가 부질없을 뿐입니다. 보다 굳센 마음으로 새해를 맞이할 밖에요.

사람은 누구든 더 나은 미래를 꿈꾸고 바랍니다. 그러기 위해 한 해를 정리하는 시간이 필요하지요. 지난날을 되돌아보는 행위를 통해 다시는 되풀이하지 않아야 할 일들과 더 발전시켜야 할 일 등의 교훈을 얻을 수 있기 때문입니다. 이러한 과정은 미래를 계획하고 실천하는 데에 큰 도움이 되지요.

이제 조금 구체적으로 한 해를 정리해 보도록 하겠습니다. 우선 가장 성공적으로 마무리한 일과 그렇지 못한 일을 적습니다. 그 다음에는 성취하게 된 이유와 실패의 요인에 대해 좀더 구체적으로 적어 봅니다. 그리고 한 해를 보내는 느낌이나 각오를 에세이 형식으로 정리합니다. 누구에게 보이기 위해 쓰는 글이 아니니 문장이나 형식 따위에 신경 쓸 필요는 없습니다. 그냥 머릿속에 흩어져 있는 기억의 단상을 정리하면 됩니다.

우리는 일 주일, 한 달, 일 년 등의 시간 단위를 통해 삶을 이루어나갑니다. 그냥 연속적인 의미로 시간을 사용하는 것은 흥미와 긴장을 떨어뜨릴 수밖에 없습니다. 그래서 단위별로 시간을 매듭 짓는 습관은 잠시 휴식하며 지난날을 되돌아볼 수 있는 중요한 순간이 됩니다.

오늘 저녁이라도 조용히 혼자 있는 시간을 만들어 한해 혹은 하루를 마감하는 시간을 꼭 가져보세요. 내일의 태양이 한층 밝게 빛날 테니까요.

올해도
다사다난이란 말로
마무리 해야
하는건 아니겠지?

31

한여름의
크리스마스

겨울이 올거야!
겨울이!

한여름, 끝없이 지속될 것만 같은 폭염도 입추가 지나고 말복이 지나면 서서히 그 뜨거운 열기가 식어갑니다. 결코 끝나지 않을 것처럼 끓어오르던 태양도 말입니다. 달도 차면 기우는 법이라고, 세상사 모든 것이 정점에 오르고 나면 서서히 기울게 마련인가 봅니다.

절기든, 젊음이든, 권력이든 최절정이라고 느낄 때, 그 기운은 이미 하강 곡선을 긋기 시작합니다. 이 같은 삶의 진실을 꿰뚫을 수 있다면 매사 여유 있고 소중하게 대할 수도 있을 텐데, 정점에 머무는 동안 우리는 쉽사리 그러한 진실을 알아채지 못합니다.

더위가 기승을 부릴 때면 이내 다가올 선선한 가을바람을 생각하듯이, 젊음을 누릴 때 곧 다가오게 될 중년과 노후를 생각한다면 우리는 순간순간에 더욱 최선을 다할 수 있을 텐데 말입니다. 마찬가지로 권력이 하늘을 찌르는 동안에도 퇴임 이후 자신의 모습을 그려본다면 순간의 판단에 더욱 신중할 것이고, 매사 겸손해져 의미 있는 시간이 될 것입니다.

떠밀리듯 쫓겨 바쁘게 생활하면 현재의 상황에 압도당할 수밖에 없습니다. 그러다가 또 다른 상황이 밀려들면 다시 그 상황에 떠밀려 살아가는 것이 우리의 반복되는 일상입니다. 의도적으로라도 곧 닥치게 될 상황을 의식한다면 그에 대해 준비할 시간도 벌 수 있고 한결 느긋하게 상황을 즐길 수 있을 것입니다.

숨이 막힐 정도로 더울 때면 '더워! 더워!' 하며 짜증을 부리기보다는 가을바람 사이로 뒹구는 노란 은행잎과 하얀 눈이 펑펑 쏟아지는 화이트 크리스마스를 떠올려 보세요. 모든 것은 마음먹기에 달려있지요. 당장의 현상에 압도되어 우왕좌왕하지 않을 수 있는 마음의 평정을 찾을 수 있을 것입니다. 새벽녘에 일어나 세수를 하고 맑은 정신으로 책상에 앉아 풀벌레 소리에 귀를 기울이면, 어느 사이 가을이 성큼 다가와 있음을 느끼게 될 것입니다. 가을은 곧 겨울이 시작됨을 알리는 신호이니 이내 겨울을 준비해야겠지요.

세상에 변하지 않는 것은 없습니다. 불타던 태양도 저녁이 되면 붉은 울음을 토해내며 서산으로 사라집니다. 돌고 돌아 흐르고 순환하는 게 자연의 이치이지요. 특별할 것 없지만 절대적 진리인 이러한 순리를 의식한다면 우리는 작은 더위에도 혹은 조금의 추위에도 불평하거나 안달하지는 않을 것입니다.

호사스럽게
사는 방법

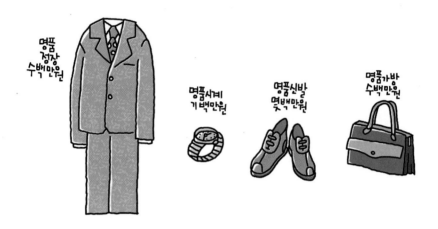

여러분은 '호사스럽다' 는 말의 정의를 어떻게 내리고 계신가요.

흔히 호사스러움이란 호화롭거나 사치하며 다른 사람들이 가질 수 없는 차별화된 상품이나 서비스를 소유하는 것으로 생각하기 쉽습니다. 그러나 시간이 흐를수록 이러한 정의는 의미가 퇴색되고 있습니다. 대량 생산이 가능해지면서 나만의 소유라는 개념은 이미 사라진 지 오래고, 그로 인해 독보적인 호사스러움이란 존재하기 어렵기 때문입니다. 우리가 흔히 말하는 명품 역시 이미 진정한 명품으로서의 가치는 상실되었지요. 돈만 있으면 얼마든지 구입할 수 있는 게 명품이니까요.

독일의 한스 마그누스 옌첸스베르거라는 작가는, 『낭비와 사치』라는 글을 통해 진정한 호사스러움에 대해 이야기합니다.

첫째는 자신이 가진 삶의 시간을 자신에게 알맞게 사용할 수 있는 능력, 둘째는 손상이 덜 된 환경에서 편안함을 체험할 수 있는 능력, 셋째는 신체적인 안전함을 들고 있습니다.

이는 결국 우리가 궁극적으로 추구하는 삶의 모습이 무엇인가라는 질문에 대한 부분적인 답이기도 할 것입니다. 첫 번째 덕목으로 시간을 사용할 수 있는 능력을 든 것은 성공한 사람일수록 자신의 의지대로 사용할 수 있는 시간이 오히려 줄어들기 때문입니다. 성공의 고지를 향해 달려갈수록 자신의 의지대로 사용할 수 있는 시간의 양을 늘리기란 쉽지 않은 일이거든요.

겉으로 보이는 호사는 우리가 추구해야 할 진정한 의미의 호사가 아닙니다. 누구에게나 주어지는 똑같은 양의 24시간을 그 이상의 시간이 되도록 만드는 것, 자신의 몸을 오염된 환경에 노출시키지 않고 안전하게 지키려 애쓰는 것 등등의 노력들이 자신을 진정한 호사가로 만들 수 있는 것입니다.

집념과
아이디어

구슬이
서말이라도
꿰어야
보배라는 말
잊지마3

늦은 나이에 직장을 다니며 공부하는 분들과 함께 자리를 한 적이 있습니다. 30대 중반 정도의 여성분이 제게 이런 질문을 던졌습니다.

"어떻게 그렇게 좋은 아이디어를 수시로 만들어 낼 수 있으세요?"

아마도 책을 쓰거나 칼럼을 쓰는 저의 일과 관련해서 던진 질문인 것 같았습니다. 사실 제게만 해당되는 질문은 아닙니다. 분야만 다를 뿐이지, 신상품을 기획하거나 고객의 취향을 만족시킬 수 있는 방법을 모색하는 등의 창조적인 일을 하는 분들 역시 공통으로 안고 있는 고민이기도 하니까요.

타인의 글을 읽고, 다른 사람들의 행동을 관찰하고, 강연회에 참석해서 사람들의 의견이나 지식 그리고 정보를 교환하고, 함께 모여서 대화를 나누는 일 등은 모두 창조를 위한 원료를 수집하는 과정이라 할 수 있습니다.

내 인생의 오타쿠?

일본의 노무라 경제 연구소는
1772만명의 오타쿠가
일본경제를 주도하고 있다고
밝혔습니다

마니아
열정적으로 수집하고
정리하는 부류의 사람-。

오타쿠
그것을 초월하여
변형과 적응을 통해
자신의 것으로
만드는 사람-。

당신은
당신 삶의
마니아 인가요?
오타쿠인가요?

하나의 요리를 만들기 위해서는 그에 적합한 다양한 종류의 재료가 있어야 하듯이 말입니다. 하지만 재료만 수십 가지 준비해놓고 실행에 옮기지 않는 경우가 문제입니다. 행동을 통해 무언가 창조해내지 않으면 모든 재료는 실용가치를 상실하고 마니까요. 이따금 무조건 독서만 열심히 하는 남편을 둔 주부들이 불평을 털어놓는 사례도 이런 경우에 해당합니다.

타인을 통해 배우는 많은 것들을 자신의 것으로 만들 줄 아는 능력이 곧 창조성의 핵심입니다. 앞으로 이러한 능력은 그 중요성을 더해갈 것입니다. 무엇인가를 창조하는 일은 학력이나 경력이 중요한 요소가 될 수 없습니다. 물론 많이 공부하고 다양한 경력을 쌓는 것이 전혀 무관하지는 않겠지만 결정적일 수는 없다는 뜻입니다.

창조성을 키울 수 있는 결정적 요인은 바로 집념입니다. 자신이 추구하는 목표를 의식하며 그것에 관련된 것들과 늘 함께 생활하는 것입니다. 항상 원하는 것에 대해 질문하고 대답하기를 반복하며 모아놓은 재료들을 적절히 사용하여 나만의 요리를 만드는 것입니다. 이런 생활습관을 갖게 되면 순간 순간 무릎을 탁, 칠만한 아이디어가 떠오르게 됩니다.

아침에 샤워를 하다가도, 지하철을 타고 출근을 하다가도, 어슬렁거리며 거리를 걷다가도, 시간에 쫓겨 급하게 한 끼 식사를 해결하다가도 나의 바람이 의식을 지배하고 있는 한, 그 어디에서도 아이디어는 튀어나올 준비를 하고 있습니다.

아내의
외출

부부도 이따금씩 떨어져 지내는 것이 좋다는 말을 들은 적이 있습니다. 서로의 빈 공간이 주는 그 허전함과 중요성을 깨닫고, 더불어 자신을 되돌아 볼 수 있는 기회가 되기 때문일 것입니다.

가끔 아내가 집을 비울 때가 있습니다. 그럴 때면 저는 곧바로 심적 '경계태세'에 들어갑니다. 혼자 생활하는 데에 비교적 익숙한 편이긴 하지만 스스로 지켜야 할 몇 가지 주의사항에 대해 목록을 작성합니다.

첫째, 정해진 기상 시간을 정확하게 지킨다.
둘째, 생활을 규칙적으로 운영하기 위해 더욱 노력한다.
셋째, 정교할 정도로 주변을 정리정돈 한다.
넷째, 설거지와 청소를 깔끔하게 한다.
다섯째, 일에 대한 집중력을 더욱 높인다.

이렇게 정리하고 나면 하루하루의 생활을 보다 조직적으로 운영할 수 있습니다. 아내가 곁에 있을 때와 같은 생활 패턴을 유지하기 위해서지요. 그렇게까지 할 거 뭐 있느냐고 웃으시는 분들도 있겠지만, 제 나름의 생활 철학인 걸 어쩌겠습니까. 아내가 있을 때와 다름없이 평소의 페이스를 유

아내에겐
아내의 자리-
남편에겐
남편의 자리-
당신은
그 자리에 충실한
사람입니까?

지하기 위해 나름대로 애를 쓰는 것
이지요.

　종종 혼자 사는 생활로 인해 고민이 이만저만이 아니라
는 중년들의 이야기를 들을 때가 있습니다. 또 은퇴 이후 스스로 생활을
꾸리지 못해 부부 사이에 갈등이 빚어지는 경우를 보기도 하고요. 그럴
때마다 인생이란 결국 혼자서 걸어가야만 하는 거친 여행길이란 생각을
하게 됩니다. 아내와 남편 역시 서로를 위로하고 격려하는 동반자일 뿐,
상대의 인생 길을 대신 걸어줄 수는 없는 일이니까요.

추억 만들기

비가 억수같이 쏟아지는 날 밤
이었습니다. 바닥에 이불을 깔고
아이와 함께 누웠습니다. 여전히
저에겐 침대보다 이불을 펴고 눕
는 것이 더 정겹게 느껴집니다.
우리는 곧 시간 열차를 타고 과거
로의 여행을 떠났습니다.

아이의 견문을 넓혀주기 위해 함께 여행을 떠났던 일, 여행지에서 붕어
빵을 사 나누어 먹던 일 등등, 우리의 시간 열차는 추억이라는 역을 거쳐
끝없이 달려가고 있었습니다.

세월은 흘러 함께 여행을 하던 꼬마아이는 이제 아버지와 함께 할 시간
조차 넉넉하지 않은 나이가 되었습니다. 그나마 함께 나눈 추억의 끈이
우리 사이를 연결해 주고 있습니다.

세월이 지날수록 자식들이 기억하는 아버지는, 얼마나 많은 재산을 모
았는지, 얼마나 높은 지위에 올랐는지, 얼마나 유명해졌는지 등이 아닙니

다. 그보다 중요한 것은 그들의 머릿속에 살아 숨 쉬는 아버지와의 잔잔한 추억들입니다.

저 역시 떠나가버린 아버지를 떠올릴 때마다 가장 먼저, 가장 많이 기억되는 것은 바로 어느 가을날 아버지와 함께 포구를 거닐던 기억입니다. 그 기억은 지금도 선명하게 가슴 속에 남아 있습니다. 이따금 그 시절의 아버지를 생각할 때면 그만 울컥해서 코끝이 찡해지곤 합니다.

아이의 손을 잡고 함께 누워 빗소리를 들으며 도란도란 이야기꽃을 피워보는 여유 한번 가져보는 건 어떠세요. 훗날 아이가 자신만의 길을 걷다 지치고 힘든 순간이 찾아오면, 그때 아버지와 함께 나누었던 지금의 순간을 떠올리겠지요. 이러한 추억이 아이에겐 얼마나 큰 힘이 될까요.

세월은 속절없이 흘러가 아이들은 어른으로 성장하고 아버지는 노인이 되어갑니다. 우리의 의지로 어쩔 수 없는 자연의 순리이지요. 부모와 자식이 함께 하는 날들은 결코 긴 시간이 아닙니다. 아이들이 학교를 졸업하고 직장에 들어가고 결혼을 하고, 그리고 자신의 앞길을 개척하기 위

자!
오늘은 어떤
추억을 꺼내
볼까나.

해 노력하는 사이 부모들은 그들에게서 점점 멀어져갑니다.

삶이 팍팍하다고 느껴질 때면 당신은 어떤 추억을 떠올려 위로받을 수
있을까요. 한번 생각해보세요. 그리고 그러한 추억을 만들어준 분들께 감
사의 마음을 전해보는 건 어떨까요. 더불어 나와 함께 만든 추억으로 인해
누군가 위로받을 수 있도록 사랑을 나누는 것 또한 보람있는 일이겠지요.

늦기
전에
미리미리

타인의 삶을 통해 비로소 자신을 되돌아보는 경우가 있습니다. 한 개그맨의 갑작스런 죽음은 안타까움과 더불어 건강에 대한 주의를 환기시켰습니다.

삶이란 참 허망한 것이지요. 특히 그 허망한 삶 가운데 젊은 날은 더더욱 짧게 느껴집니다. 햄버거와 피자, 자장면이면 그만이던 어린 날은 쏜살 같이 지나가고 눈 깜작할 사이에 중년의 나이가 되어버립니다. 2, 30대에는 몸 또는 건강의 중요성을 그다지 심각하게 느끼지 못합니다. 그러다 40대에 접어들면 급격하게 몸의 변화가 일어납니다. 허리, 어깨, 목, 무릎 등 몸의 이곳저곳이 슬슬 삐걱거리기 시작하지요. 조금만 무리를 해도 몸은 엄살을 하며 반응합니다. 이런 현상을 두고 전문가들은 '퇴행성'이란 단어를 붙이지요.

건강을 유지하는 것 또한 열심히 일하는 것 이상으로 중요한 조건입니다. 건강은 몸의 의지와 무관하게 지극히 찰나적인 순간에 운명을 바꾸어놓기도 하니까요. 그렇기 때문에 무엇보다 중요한 것은 자신의 건강에 대

해 자만하지 말라는 것입니다. 겸손함을 유지하며 때때로 살피고 돌봐야 하는 것이지요. 병과 죽음은 나이 순서대로 차례를 지켜 찾아오지 않습니다. 당장의 젊음이 방패가 되어줄 거라 믿지만, 그건 착각일 뿐입니다.

세상은 21C 지만
우리몸의 진화는
현재 빈석기 시대
돌도끼를 들고 뛰어야
딱맞는 신체구쪼!
운동합시다. 여러분!

　가급적 생활의 속도를 줄이는 것도 건강을 유지할 수 있는 방법 중 하나입니다. 서두르는 가운데 사고가 발생하게 되거든요. 일과 마찬가지로 운동도 단계별로 꾸준히 해나가는 것이 중요합니다. 단기간에 큰 효과를 얻을 수 있는 것은 세상에 아무것도 없습니다.

고인 물이 썩듯이 몸도 마찬가지입니다. 움직임이 없는 신체는 모든 기관이 서서히 굳어가게 마련입니다. 그렇다고 오늘 당장 피트니스 센터에 가 비싼 돈을 지불할 필요는 없습니다. 돈 들이지 않고도 운동할 수 있는 방법은 많으니까요. 스트레칭, 체조, 걷기와 같은 운동은 집이나 가까운 공원에서 얼마든지 가능하며 우리 몸에 이보다 더 좋은 운동은 없습니다. 또 요즘은 요가나 필라테스 등의 비디오테이프가 시중에 많이 나와 있더군요. 하나쯤 구입해 집에서 따라하는 것도 좋은 방법입니다.

방법은 무궁무진합니다. 중요한 것은 자신에게 맞는 방법을 선택해 꾸준하게 해나가는 것입니다. 적절한 식단과 식습관도 함께 병행하면 금상첨화겠죠. 더 많은 일을 하고 더 큰 성공을 이루고 싶다면 건강부터 챙기세요. 우리에겐 몸이 재산이니까요.

카페라테

햇살이 슬며시 우리를 비껴갈 때

오믈렛을 먹으려면 달걀부터 깨기

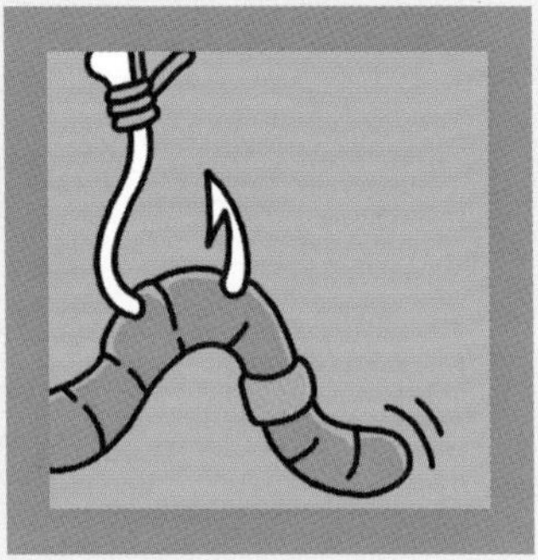

처음부터 잘하는 사람은 아무도 없어 놓쳐봐야 잡는 법도 아는거지

뻐끔

난 잡히 힘들걸! 난 교가 5걸랑 ㅋㅋ

'오믈렛을 만들기 위해서는 달걀부터 깨뜨려야 한다'는 서양 속담이 있습니다. 사람에 따라 제각각 해석이 다를 수 있지만, 가치 있는 무언가를 이루기 위해서는 반드시 거쳐야 할 과정이 있다는 뜻에 이의를 제기할 사람은 없을 것입니다.

실수나 실패를 통해 우리가 얻는 교훈은 그 가치를 따지기 어려울 만큼 무한합니다. 달걀을 깨지 않고 무엇으로 오믈렛을 만들 수 있겠어요. 그런데도 우리는 이처럼 단순한 진실을 외면하기 일쑤지요. 실수나 실패가 두려운 나머지 아무런 시도도 하지 않은 채 우두커니 앉아 오믈렛을 기다립니다. 실패에서 비롯되는 불안과 긴장, 초조 그리고 후회의 경험을 절대 겪고 싶지 않기 때문이지요.

우선 필요한 만큼의 달걀부터 과감하게 깨보세요. 스스로의 삶이 달라지면서 세상도 다르게 보일 테니까요. 시도하지 않는 인생은 살아 있는 삶이라고 할 수 없습니다. 실패를 두려워하면 세상에서 이룰 수 있는 것

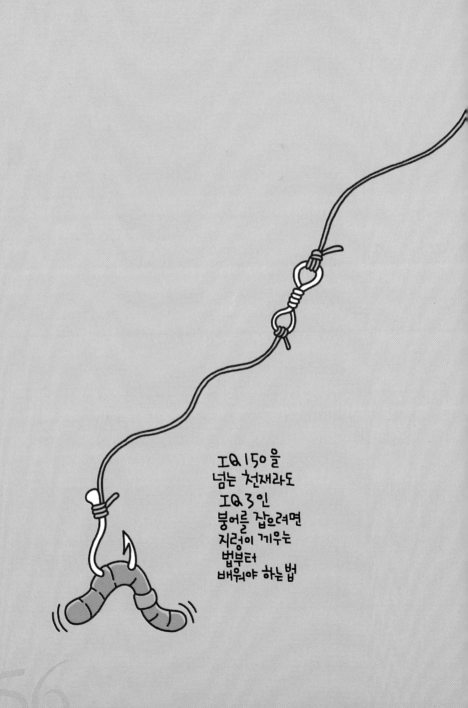

IQ 150을
넘는 천재라도
IQ 3인
붕어를 잡으려면
지렁이 기르는
법부터
배워야 하는 법

56

은 아무것도 없습니다. 좋은 경험이든 그렇지 못한 경험이든 모든 경험은 보다 맛있고 훌륭한 오믈렛을 만드는 재료가 되기에 충분하니까요.

구체적인 목표를 세워 한 걸음 한 걸음 내딛다 보면, 달걀을 깨야 할 때도 있고, 하필이면 썩은 달걀을 손에 쥘 때도 있습니다. 늘 완벽하게 준비된 재료만이 나를 기다리고 있는 것은 아니니까요. 완벽해야 하는 것은 결과이지 과정이 아닙니다. 흡족한 결과를 얻기 위해서라면 실수에 대한 두려움 따윈 과감히 떨쳐버리세요. 두려움은 괜스레 어깨를 움츠러들게 만들 뿐이니까요.

어느 평범한 아버지가 자식을 키우면서 가장 크게 후회한 것은 바로 아이들에게 지나치게 완벽함을 요구했던 것이라고 하더군요. 어느 정도 성장한 아이들에게 아버지는 이렇게 말했다고 합니다.

"내가 가장 후회하는 것 중 하나는 너희들에게 완벽하라고 가르치고 야단을 친 점이다. 어떻게 어린 너희들이 완벽할 수 있었겠니. 너희들 만할 때는 당연히 실수나 실패도 있어야 한다는 걸 아버지가 미처 몰랐구나. 그런 경험 없이 뭔가를 이룬다는 건 결코 있을 수 없는 일인데 말이다."

게으름의
그림자가
슬쩍
발목을 잡을 때

일을 미루는 4가지 원인
① 과도한 자신감
② 불편한 느낌
③ 실패에 대한 두려움
④ 핑계

가끔 참 많은 일을 하며 산다는 생각이 들 때가 있습니다. 평범한 사람이라면 대부분이 그렇겠지만 저 역시도 늘 일을 즐기는 것만은 아닙니다. 그래서 슬며시 게으름이 엄습해오면 재빨리 그 낌새를 알아차리고는 스스로를 다독입니다. 게으름을 극복하는 나름의 방법을 찾아내는 것이지요.

그 방법을 모두 공개하면 제 밑천이 바닥나고 말 테니 하나만 살짝 알려드리도록 하겠습니다.

우선 반드시 하지 않으면 안 되는 일, 그러면서도 좀 만만한 일부터 해치우는 것입니다. 한 가지에 집중해 일을 처리하다 보면 마치 비행기가 이륙하듯이 '붕' 하고 떠올라 그 일에 완전히 몰입하게 되거든요. 그러면 이미 한 가지 일을 해치운 셈이지요. 그리고 남은 시간 편안한 마음으로 휴식을 취하면 게으름의 그림자는 이내 사라지고 맙니다.

어느 책에서 사람들이 왜 일을 미루는지 그 원인에 대해 읽은 적이 있습니다.

첫째는 과도한 자신감 때문이라고 하더군요. '그까짓 거, 어려운 일도 아닌데 아무 때나 하면 되지 뭐'라고 자만하며 일을 미룬다는 것이지요. 스스로 똑똑하다고 과신하는 사람들이 흔히 범하는 게으름입니다. 비교적 쉽고 가벼운 일이라도 미리미리 마무리지어 놓으면 낭패를 보는 일은 일어나지 않을 텐데 말입니다.

두 번째 원인은, 뭔가 찜찜하게 느껴지는 불편함 때문이라고 합니다. 하지만 이런 느낌은 외부적인 조건에 의해 생기기보다 스스로 '이 일은 즐겁지 않을 거야'라고 자신을 선동하는 것에서 비롯되는 경우가 허다합니다. 일과 시간들을 세부적으로 꼼꼼하게 나누어 작고 쉬운 것부터 공략하면 일에 대한 부정적인 사고는 사라집니다.

세 번째 원인은 실패에 대한 두려움 때문에 머뭇거리는 경우라고 합니다. 이는 자만심과 반대되는 경우로, 소심하고 실패의 경험이 많은 사람들이 주로 갖는 이유입니다. 하지만 실패란 배움의 과정일 뿐이라고 생각한다면 이런 두려움쯤은 이내 사라지고 말 테니 걱정할 것이 못 됩니다.

네 번째 원인은 이런 저런 핑계를 대는 것이랍니다. 이를 테면 '지금 이 일을 시작하기에는 조건도 시기도 적합하지 않아'라며 핑계거리를 찾는 경우입니다. 누구에게도 완벽한 기회란 결코 찾아오지 않는다는 평범한 사실을 무시한 채 말입니다.

에이~ 좀더 쉬었다해!

작은 일부터 금방 해치울 수 있는 일부터 해보세요! 게으름이 슬그머니 당신 발목을 놓을 테니까요.

자각의
순간들

　인생은 하나의 정해진 길을 따라 걸어가는 일입니다. 그러다 어느 순간 '어! 이 길이 아닌데.' 혹은 '이렇게 사는 건 맘에 안 들어!' 하는 생각을 할 때가 있습니다. 이런 현상을 곧 '자각의 순간'이라고 하지요.

　살면서 한두 번씩 경험하는 일일 것입니다. 저 역시도 그렇고 말입니다. 가장 큰 변화 중 하나는 연구소 생활을 갑자기 그만둔 사건이었습니다. 그렇게 흥미진진하고 신명나던 일들이 한순간 시들하게 느껴지는 때가 있더라고요. 대부분은 새로운 경험, 새로운 만남, 새로운 지식, 새로운 정보와 접하게 되면서 그런 순간들을 맞이하게 되는 경우가 많습니다.

　물론 익숙하고 편안한 것에 안주하길 원한다면 애써 그런 충격에 휩싸여 고민할 필요는 없습니다. 마음의 문을 꼭꼭 닫은 채 외부와의 접촉을 일체 삼가면 충격적인 순간들은 찾아오지 않을 수도 있겠지요. 하지만 그저 평안하기만 한 삶은 진정한 삶이 아니라고 생각하는 사람들도 있습니다.

　무언가를 깨닫는 순간은 지극히 찰나적입니다. 오랫 동안 승승장구하며 별 탈 없이 다니던 직장을 한순간에 그만두고 다른 길을 선택하는 사람들이 있습니다. 또 게으름의 대명사처럼 불리던 한 젊은이가 갑자기 전혀 다른 모습의 건실한 청년으로 바뀌기도 합니다.

하지만 자각의 순간들이 자신의 삶을 변화시키고 그 변화가 반드시 긍정적인 결과를 불러오는 것은 아닙니다. 그렇다고 해도 의식의 문은 활짝 열어두는 편이 보다 활기찬 삶을 살아가는 방법이라고 생각합니다. 고인 물은 썩게 마련이니까요.

삶은 매순간 변화합니다. 지금 내 모습이 한 달 뒤, 혹은 일 년 뒤의 내 모습과 다를 게 없을 거라고 단정하지 마세요. 순간의 자각이 우리의 모습을 보다 밝고 긍정적인 쪽으로 끊임없이 이끌어줄 테니까요.

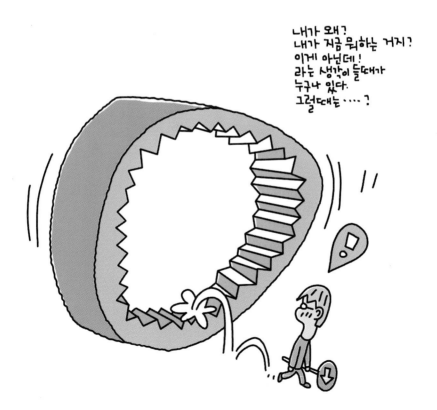

자연의
이치는
원래
불공평한 것

흐음

난 꽤 운이 좋은 편이었어!

'왜 이렇게 세상이 불공평할까?' 간혹 이런 불평불만을 입에 달고 사는 사람을 보게 됩니다. 그런데 불평으로 가득 찬 이런 생각들이 자신에게만 머무는 것이 아니라 주변사람에게까지 좋지 않은 영향을 미친다는 사실을 알고 계세요? 마치 환경을 오염시키는 주범처럼 말입니다.

그들은 또 '정의' 혹은 '정의로운' 이란 어휘들을 자주 사용합니다. 그러면서 늘 '세상이 정의롭지 못하다' 며 분통을 터뜨리거나 원망의 말들을 쏟아내지요. 그럴수록 삶은 더 불안해지고 심지어 그 불안감은 좌절을 불러오기까지 합니다. 이처럼 습관적으로 상처를 만드는 사람들이 있다면, 자기계발 분야에서 명성을 얻은 웨인 다이어의 조언에 귀를 기울여 보세요.

"새는 벌레를 잡아먹는다. 벌레에게는 공평치 않은 일이다. 거미는 파리를 잡아먹는다. 파리에게는 공평치 않은 일이다. 사자는 코요테를 잡아먹는다. 코요테는 오소리를 잡아먹는다. 오소리는 쥐를 잡아먹는다. 쥐는 벌레를 잡아먹는다. 자연만 쭉 둘러봐도 세상에는 정의가 존재하지 않는

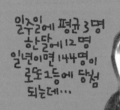

일주일에 평균 3명
한달에 12명
일년이면 144명이
로또 2등에 당첨
되는데…

왜? 나는?

한국에서
교통사고로
사망하는 사람이
하루에
25명
연간 9125명
이랍니다.

당신은
아직 거기에
당첨되지
않으셨나요?

헉!

다는 것을 바로 깨달을 수 있다.”

그래서 웨인 다이어는 “정의라고 하는 것은 비현실적인 개념이다. 이 세상과 저 세상을 살아가는 사람들은 언제나 늘 불공평하다. 허나 행복을 택하고 불행을 택하는 것은 정의의 부재와는 아무 상관이 없다”고 주장합니다.

이런 주장을 불편하게 받아들일 수도 있습니다. 하지만 조금 더 깊이 생각하면 공감하는 부분이 있을 겁니다. 세상은 원래 불공평하게 만들어져 있다는 사실을 서서히 인정하게 되면서 이에 대해 분노하고 부정적인 감정으로 자신에게 상처를 입히던 과거에서 벗어나게 될 것입니다.

스스로의 불행을 불공평한 세상에 떠넘긴 채 부정적인 사고만을 키워나가는 것은 스스로의 삶을 무너뜨리는 것과 다르지 않습니다. 누구나 세상에 대한 원망이 조금씩은 있게 마련이지요. 또 자신이 처한 환경에 백 퍼센트 만족하지 못하는 것도 당연한 일입니다. 그러나 그러한 원인을 세상 탓으로 돌린 채 주저앉기엔 삶은 그리 길지 않습니다.

물론 정의롭지 못한 사회를 개선하기 위한 행동은 당연히 있어야겠지요. 다만 어떤 경우든 부정적인 감정으로 스스로를 괴롭히거나 상처 입히는 일만은 없길 바랍니다.

세상 혼자라는
절박감

우리나라에서 공지영 작가를 모르는 사람은 거의 없을 겁니다. 홍수처럼 쏟아져 나오는 번역서들 틈에서 당당히 자신의 자리를 지키는 성공한 작가 중 한 명이라고 할 수 있습니다.

얼마 전, '공지영이 만난 특별한 인터뷰'를 통해 그분을 만난 적이 있습니다. 여담입니다만, 같은 성씨여서 그런지 더 친근하게 느껴지더군요. 어느 작가의 말처럼, "작가의 미모, 뭔 소린지 알아먹게 쓰는 문장, 사생활에 대해 내숭 떨지 않는 정직성" 등이 인기의 비결일 수도 있을 것입니다.

인터뷰를 통해 제 가슴에 남은 그분의 기억은 바로 이 말이었습니다.

"미국의 인기작가 폴 오스터가 『빵 굽는 타자기』를 사랑한다면, 공지영에게는 '아이들 학비를 대는 노트북'이 있습니다. 내가 책만 써서 초등학

교 2학년짜리 막내아들을 대학까지 보낼 수 있을까 생각하면 세상천지에
나 혼자 서 있는 듯한 적막감이 엄습해옵니다. 막내가 '엄마, 엄마!' 하고
부르면 단정하게 앉아 노트북을 켜고 글을 씁니다."

세상 천지에 나 혼자라는 것, 몇 해 전 조직을 떠나 홀로서기를 시작할
때의 제 심경이 바로 그거였거든요. 참으로 절박하지 않을 수 없었지요.
지금도 여전히 삶은 아슬아슬하고 절실한 것투성이지만 말입니다.

당신은 얼마나 절실한 마음으로 하루하루, 매시간을 살아가나요. 상황
이 좋지 않다고, 혹은 조금 늦었거나 한 번 실패했다고 그냥 놓아버리지
는 않나요. 그럴수록 지푸라기라도 잡는 심정으로 매달려 보세요. 절실한
욕구는 다시 일어나 나아갈 수 있는 힘의 원동력이 될 테니까요.

누구나
초보

실패는 젊은이의 특권이기도 하지!

달나라 옥토끼

"더 연습해서 완벽해질 때까지 물에 들어가면 안 돼!"

한 어머니가 아이를 향해 고함을 칩니다. 그 광경을 보고 있자니 슬쩍 웃음이 나더군요. 오래 전 아이들을 키우던 시절이 생각났기 때문입니다.

어떻게든 아이들이 위험에 처하지 않도록 노력하는 것은 부모의 당연한 의무이자 애정의 표현입니다. 게다가 요즘은 아이를 낳는 수가 적어서 본의 아니게 과보호를 하기도 하지요. 저 역시도 후회하는 것 중 하나가 아이들에게 지나치게 엄격했다는 점입니다. 하지만 과보호가 아이들의 소중한 경험을 막아버린다면 그 아이들의 미래가 어떻게 될지 생각해보지 않을 수 없습니다.

부모의 의도와는 달리 지나친 보호는 아이들을 유약하고 자립적이지 못한 사람으로 성장시킵니다. 하지만 평생 부모가 자식 곁에서 돌봐줄 수는 없는 일이지요. 자식 키우는 일에는 누구나 초보자입니다. 특히 첫째

아이를 키울 때는 너나없이 시행착오를 하게 마련이지요.

아이들 역시 다르지 않습니다. 모든 것이 다 새롭기만 한 아이들에게는 그래서 더 다양한 경험이 필요한 것이지요. 그럼에도 불구하고 부모들은 자신들의 잣대로 세상을 바라봅니다. 그래서 지나치게 어른스러움을 요구하거나 조금이라도 위험한 일은 시도조차 하지 못하게 합니다.

세상에는 책을 통해서 배울 수 있는 지식이 있고 온몸으로 부딪쳐 터득해나가야 하는 것이 있습니다. 그런 경험들을 우린 산지식이라고 부르지요. 직접경험이 불가능할 때 우리는 책을 통해 간접경험을 하게 됩니다. 그만큼 생생한 경험은 세상 무엇과도 바꿀 수 없는 소중한 재산인 것이지요.

조금은 부족하더라도, 때로는 걱정스러워도 아이들의 시도를 믿고 지켜봐 주세요. 처음부터 잘하는 사람이 어디 있겠어요. 따뜻한 눈빛으로 바라보는 것만으로도 충분합니다. 설령 실수를 하더라도 나무라지 마세요. 배워가는 과정이니까요.

영차!

1982년
아폴로 11호에 탑승할
우주 비행사를
선발할때
실패를 극복한 경험이
없는 지원자는
제외 되었다고 합니다
잊지마세요
실패는 당신의
자산입니다

　잠시 뒤를 돌아보세요. 그곳에는 분명 당황스런 모습으로 불안하게 서 있는 어설픈 나의 모습이 있을 겁니다. 누구에게나 초보시절은 있게 마련입니다. 부딪쳐 보지 않고 어떻게 숙련된 삶을 살아갈 수 있겠어요. 다양한 경험은 모든 사람의 미래를 더욱 풍성한 삶으로 만들어 줄 것입니다.

피해의식은
성공의 기폭제

시골에서 나서 자란 저는 고등학교를 졸업하고 대학에 입학하기 위해 서울에 올라왔습니다. 입학식 전날 친구들과 처음으로 호텔이란 곳엘 갔습니다. 입이 떡, 벌어지도록 감탄하며 사방을 두리번거렸습니다. 서울이라는 곳이 이렇게 잘사는 곳이구나, 생각하니 그 눈부신 화려함에 슬쩍 주눅이 들더군요. 시골 출신들의 피해의식이라고나 할까요.

이러한 경험은 그 후로도 종종 이어졌습니다. 하지만 피해의식이 꼭 나쁜 것만은 아니었습니다. 부족하다고 생각하니 오히려 더 고군분투하게 되더라고요. 시골 출신의 우직한 뚝심이 작용했던 것이지요.

지금도 역시 공부를 잘하거나 한 분야에 뛰어난 재능을 드러내는 사람들을 보면 부러움과 함께 감탄이 절로 나옵니다. 참으로 대단한 사람들이라는 생각이 들거든요. 하지만 그에 맞서 제 자신을 부끄럽게 여기지는 않습니다. 인간이란 본래 각자의 능력을 가지고 태어나게 마련이니까요. 남보다 조금 부족한 점은 채워나가면 그만입니다. 또 그들에게는 없는 나만의 장점을 살릴 수도 있고요.

제조업에 종사하는 어떤 분께 한 달에 몇 시간 일하는지 물은 적이 있습니다. 아주 많이 하면 200시간 정도 한다고 하더군요. 그래서 제가 씩 웃으며 "저는 최소한 400시간은 넘을 것 같은데요"라고 했더니 그분이 입을 딱 벌리시더라고요. 하지만 저는 이런 제 삶을 불평스러워 하지 않습니다. 부족하다고 느껴지는 것을 극복하기 위한 제 삶의 방식이니까요.

모든 사람이 다 좋은 부모 밑에서 태어나고 좋은 환경에서 자라며 좋은 학교를 다닐 수는 없습니다. 그렇다고 그 사람들 모두가 자신이 처한 상황과 조건을 탓하며 피해의식에 사로잡혀 있지는 않습니다. 오히려 부족한 조건들을 성공의 기폭제로 삼아 남보다 더 노력하게 되지요. 지금 이 순간, 살아 있는 자신에게 감사함을 느껴보세요. 세상이 다르게 보일 테니까요.

아니다
싫은 건
과감히
포기하세요

그래!
이길로 가길
잘했어

그렇게 말하는
사람이길
바랍니다

살다보면 소유하고 싶은 것
혹은 꿈꾸는 모든 것을 다 이룰
수 없다는 사실을 깨달을 때가
있습니다. 이는 내게 중요하지 않은 것
들, 즉 내 삶의 우선순위에 들지 않는 것들을 과
감히 포기할 줄도 알아야 한다는 뜻일 것입니다. 삶의 에센스
가 되는 것들만 붙들고 살아가기에도 인생은 참 버거울 때가 많으니까요.

지금 나의 가장 큰 고민이 무엇인지 한 번 살펴보세요. 고민의 대부분
은 우선순위를 정하는 것들로 가득할 테니까요. 누구를 먼저 만나야 할
지, 어떤 일을 먼저 처리해야 할지, 또 어느 곳에 먼저 돈을 지불해야 하
는지, 어떤 물건부터 사야 할지 등등, 우리의 삶은 늘 선택과 포기의 기로
에 서서 갈등하게 마련입니다.

선택을 잘하는 것은 포기를 잘하는 것과 별개가 아닙니다. 하지만 이런
저런 이유들이 우리의 갈등을 부추기곤 하지요. 어느 것 하나 포기하지
못하고 모든 것들을 껴안은 채 지내다보면 눈덩이처럼 불어난 고민들로
우리는 지레 쓰러지고 말겠지요.

상당한 비용을 투자했음에도 불구하고 사업성이 전혀 보이지 않아 고민하는 분들을 만날 때가 있습니다. 이미 투자한 돈이나 공들인 노력이 아까워서 갈등하게 되는 것이지요. 이런 예는 비단 사업에만 국한되는 것은 아닙니다.

신변잡기에 능한 사람들 역시 마찬가지입니다. 누구에게나 주어지는 시간은 똑같지요. 그럼에도 불구하고 이런 사람들의 경우 어느 것 하나 포기하지 않은 채 흘러가는 시간만을 탓합니다. 가치가 없는 일에 매달려 조급해하면서도 말이지요.

우리들 대부분은 아인슈타인과 같은 천재도 아니고, 박지성이나 박찬호 같이 뛰어난 운동실력을 갖추고 있지도 못합니다. 우리가 할 수 있는

일이란 현명한 선택과 과감한 포기를 통해 자신에게 주어진 시간과 능력을 최대한 활용하는 것입니다.

　삶이란 '필요 없는 부분을 깎아 내는 것' 이라고 말하고 싶습니다. 마치 정교한 조각품처럼 불필요한 부분을 하나하나 제거해나감으로써 자신의 인생을 멋진 예술품으로 승화시키는 것이지요.

모든 길을 다
갈 수는 없죠
당신이 가야할
최선의 길은
'현명한 길'
인거죠!

다
잘될 거야!

　"살면서 수도 없이 절망의 고비를 넘겼지만 어
머니는 아버지와 저희 형제자매들에게 단 한 번도
'No!' 라고 말하지 않았어요. 그리고 언제나 '다
괜찮을 거야' 라고 용기를 주신 분이었죠."

　대성 그룹 창업자의 부인이었던 여귀옥 여사에 대한
자식들의 회고담 가운데 한 대목입니다. 그들은 입을 모아
"어머니에게 저희가 배운 건 긍정의 힘이었습니다. 무슨 일이 닥쳐도 절
대 흔들리지 않으셨으니까요"라고 말합니다.

　위기는 예고 없이 찾아옵니다. 게다가 커다란 것에서 소소한 것까지 시
도 때도 없이 말입니다. 이런 경우 즉각적으로 반응하는 게 인지상정이긴
합니다. 감정이 격해지거나, 평상심을 잃고 흥분하게 마련이지요. 하지만
이러한 반응들은 위기의 심각성을 더욱 확대시킬 뿐입니다. 스스로 마음
을 다잡고 냉철하게 상황을 판단하는 것이 우선이긴 하지만 그게 어디 말
처럼 쉬운 일이겠습니까.

　케네디 대통령의 리더십을 다룬 책 중에 평상심을 유지하기 위해 노력

하는 그의 모습이 그려진 대목이 있습니다. 특정 사안을 두고 참모들이 약간 흥분하거나 서두르면 그는 "냉정해집시다Be Cool!"라는 말로 주의를 주곤 했다는 것입니다. 이는 타인뿐만 아니라 자기 자신에게 하는 이야기 이기도 합니다.

어떤 상황에서도 평상심을 유지하기란 쉽지 않은 일이지만 그래도 나이를 먹어감에 따라 조금씩 나아지기는 합니다. 하지만 그렇게 될 때까지 마냥 세월을 기다리며 늙어갈 수는 없지요. 마음을 다잡을 수 있는 몇 가지 문장을 정리해 지갑 속에 넣고 다니면서 이따금 읽어보는 방법은 어떨까요. 사소한 방법이긴 하지만 반복적으로 되풀이하면 습관이 됩니다. 그래서 쉽게 흥분하거나 감정이 극으로 치닫는 상황을 조금은 방지할 수 있을 것입니다.

불안감은
미래의 적

일본 드라마 가운데 방영금지 운동이 일 정
도로 논쟁을 일으킨 '여왕의 교실'이라는 작품
이 있습니다. 초등학교 6학년 2반을 배경으로 펼
쳐지는 이 드라마에는 스폰서가 떨어져 나갈 정도의
무서운 선생 아쿠츠 마야가 주인공으로 등장합니다.

자! 이제
나오세요!
도전하기에
세상은
아름답습니다

하지만 시간이 지날수록 이 드라마의 인기는 폭발적으로 변해갔습니
다. 학교의 몰락이라고 부를 정도로 교권이 땅에 떨어진 상황 속에서도
자신의 교육 철학에 따라 아이들을 엄격하게 다룬 선생의 모습이 그 이유
였습니다. 뿐만 아니라 궁극적으로 아이들이 스스로의 인생에 책임을 느
끼고 살아가도록 훈련시키는 대목이 시청자들의 마음을 자극시켰던 것입
니다.

첫날부터 시험을 치른 다음 성적순으로 자리를 배치하고, 시험을 제일
못 본 학생은 잡일을 도맡게 합니다. 그녀가 가르치는 것은 인생은 낭만이
아니라 철두철미하게 자신의 능력에 따라 다른 대우를 받을 수밖에 없다는
생존경쟁의 논리입니다. 아쿠츠 마야 선생은 아이들에게 인생의 진수라고
할 수 있는 한 대목을 나직하지만 절도 있는 목소리로 전합니다.

"인생이 불안한 건 당연해. 중요한 건 그 때문에 자신감을 잃어 근거 없는 소문에 휘말리거나 남에게 상처를 입힌다는 거야. 모르는 걸 아는 척할 필요 없어. 구체적인 목표가 없다면 일단 공부를 해. 지금 할 수 있는 일을 제대로 하지 않으면서 장래에 대해 걱정하는 건 그만둬!"

아이들에게만 해당되는 이야기는 아닙니다. 누구든지 새겨야 할 삶의 진실이지요. 미래를 알 수 없는 하루하루를 살아간다는 것, 그 자체만으로도 우리는 늘 불안할 수밖에 없으니까요. 그래서 종종 지금 내가 할 일이 무엇인지 갈피를 잡지 못한 채 방황하거나 시간을 낭비하기도 하지요.

불안감을 잠재울 수 있는 방법은 한 가지뿐입니다. 알 수 없는 미래에 대해 우왕좌왕 하기보다 구체적인 목표를 세우는 것입니다. 아무것도 아닌 채로, 아무 시도도 없이 멍 하니 앉아 장래를 걱정하는 일 따위는 이제 집어치우세요. 그러는 사이 알 수 없는 미래를 향해 서서히 떠밀려가고 있으니까요. 미래까지도 나의 의지대로 만들어갈 수 있다는 것, 그것이 바로 우리의 삶이 아름다운 이유입니다.

둥지밖이 무서워
떠나지 못하는 새는
날수없는 법이죠
아무일도 시도하지
않으면 성공도
실패도 없겠지만
그런 사람에겐
성장도 없습니다

젊은 날의
화려한 성공

커튼 사이로 흘러드는 햇살이 유난히 따사로운 아침, 문득 세상 모든 일들은 생각하기 나름이라는 말이 떠오릅니다. 결국 모든 일은 자신의 마음속에서 일어나는 화학적 반응의 결과물이라는 말이지요. 스스로의 판단에 따라 세상은 아침 햇살과도 같다가 어두운 그림자가 되기도 합니다.

주변에는 초년기에 아주 잘 나가던 몇몇 친구들이 있습니다. 그 중에는 지속적으로 잘 풀려 여전히 잘 살고 있는 친구는 몇 안 되고, 안타깝게도 그렇지 못한 친구들이 훨씬 많습니다. 그런 친구들을 볼 때면 인생이란 참 가혹하다는 생각이 듭니다. 원하는 대로 돌아가면 좋으련만 인생은 그렇지 않을 때가 더 많은가 봅니다.

초년의 성공이 오히려 삶을 망칠 수도 있다는 생각을 하게 됩니다. 인생의 초반부터 마지막 순간까지 승승장구한다면 그보다 더 좋은 일이 어디 있겠습니까. 하지만 그런 삶은 흔치 않습니다.

저 역시도 초년부터 성공을 경험하지는 못했습니다. 그래서 이따금 참 다행이라는 생각을 하기도 합니다. 너무 일찍 거둔 성과나 결과물은 대부분 행운으로 돌려버리기 십상이니까요. 그리고는 계속해서 그런 행운이 찾아올 거라고 믿으며 그다지 노력을 기울이지 않게 됩니다.

  하지만 행운이란 자신이 만들어가는 것이잖아요. 그럼에도 불구하고 초년의 성공만을 믿고 아무 노력도 하지 않는다면 그 성공은 이내 물거품처럼 사라지고 말겠지요. 성공은 이루는 것보다 이룬 것을 어떻게 유지하느냐가 더 중요한 것이니까요. 이른 시기에 성공한 사람들을 보며 좌절하거나 부러워할 필요는 없습니다. 모든 것에는 다 적절한 때가 있는 법이니까요.

시작은 괜찮았군요
행운이었다구요?
하지만 멈추지 마세요
이젠 행복을 만들어
가야 하니까요

버릴 수
없다면
사랑하라

버릴 수 없다면 사랑하세요

존스홉킨스大 의사 이승복

한 마리 새처럼 공중을 가르던 한 젊은이
가 순간의 사고로 그만 척추장애를 갖게 되었
습니다. 공중회전을 하다 목을 쭉 늘인 상태로
턱을 땅에 박고 만 것입니다. 체조 선수로서의
꿈은 날아가고 그는 평생 동안 휠체어 신세를 면하
지 못한다는 비극적인 운명에 내던져지고 말았습니다.

하지만 그는 서서히 마음을 다잡기 시작했습니다. 그리고 재활에 대한
꿈을 버리지 않았습니다. 다시 태어날 것이라는 굳은 각오로 최선을 다해
재활의 순간순간을 견뎠습니다. 새로운 도약을 위한 힘겨운 날들이었습
니다.

이는 바로 세계 최고의 병원인 존스홉킨스 병원의 재활병동에 근무하
는 한국인 의사 이승복 씨의 이야기입니다. 인간은 어떤 상황에서든지 그
에 대한 해석의 권한을 쥐고 있습니다. 스스로 자신을 버리지 않는 한 어
느 누구도 포기를 강요할 수는 없습니다. 『기적은 당신 안에 있습니다』라
는 그의 자서전에는 재활과 그 이후 휠체어를 탄 의사로서의 일상이 낱낱
이 기록되어 있습니다.

내 몸이 왜 이럴까?

꼼짝도 안 하잖아?

원인이 뭘까?

의학서적을 찾아봐야겠어!

그가 재활에 임하기까지는 중요한 시발점이 있었습니다. 중환자실을 벗어나면서 그는 생명을 잃게 되는 운명 또한 함께 벗어던진 것이지요. 그 다음은 재활의 성공 여부인데, 재활을 시도하면서 그는 한 가지 사실에 눈을 뜨게 됩니다. 그것은 자신의 몸을 사랑하게 되었다는 것, 다시 말해 척추장애가 된 자신의 몸에 대한 의학적 호기심이 발동하게 되었다는 것이지요. 자신의 몸을 관찰하고 호기심을 갖고 지켜보는 '의학적 호기심' 말입니다.

그렇게 시작한 의문이 장애인이었던 그를 의사로 만들었습니다

90

"모든 호기심은 '내 몸이 왜 이럴까?'에서 비롯되었다. 체조를 하면서 뛰고 날던 시절에는 몸이라는 건 원래 그렇게 가볍고 튼튼한 것인 줄로만 알았다. 그러나 시간이 흘러도 일부 부위의 감각은 돌아오지 않았고, 몸은 한없이 무거웠다. '일어나!' 하고 머리에서 아무리 명령을 내려도 꼼짝도 하지 않는 두 다리를 나는 속수무책으로 바라보아야 했다."

그 이유를 알기 위해서 그는 간호사들에게 쉬지 않고 질문을 던졌습니다. 그들의 대답이 부족하다 싶을 때는 의사를 찾아갔습니다. 그것으로도 만족하지 못하면 참고서적을 구해 읽었습니다. 이렇게 해서 그는 의사로서의 꿈을 키워가기 시작한 것입니다. 내 몸에 대한 호기심, 장애를 안게 된 내 몸을 오히려 사랑하게 만든 그 호기심이 그를 다시 일어서게 한 가장 큰 재활이었던 것입니다.

아메리카노

날 마 다 새 롭 게 태 어 나 는 영 혼

소소한
일상이
가져오는
작은 감동

따뜻한 커피 한 잔에 행복을 느껴본 적이 있다면 당신도 행복할 자격이 있는 사람-。

어느 누가 돈의 위력을 모르겠습니까. 그래서 사람들은 너 나없이 부자가 되기 위해 애를 쓰지요. 돈이란 짜디짠 바닷물과도 같아서 들이키면 들이킬수록 갈증이 일어 더 마시고 싶어지는 묘한 속성을 지니고 있습니다. 얼마 전 정호승 시인의 산문집에서 읽었던 다음과 같은 구절이 기억납니다.

"돈의 주인이 되기 위해서는 아주 쉬운 방법이 있습니다. 돈이 많든 적든 자족하면 됩니다. 돈이 필요할 때만 돈을 소중히 여기면 됩니다. 돈은 우리가 자족할 때 소중한 자신의 본얼굴을 보여줍니다."

아시겠지만, 자족自足은 '스스로 만족한다'는 의미입니다. 하지만 보통 사람들에겐 쉽지 않은 일이지요. 돈이란 혼자 다니지 않고 반드시 동행자와 함께이기 때문입니다. 탐욕과 근심이란 놈들이 바로 대표적인 동행자들이지요. 20평짜리 아파트에 살면, 그래도 30평짜리 정도에서는 살아야 숨통이 트이지 않을까 하고 생각합니다. 그러다 정말 꿈꾸던 30평짜리 아파트에 살게 될라치면 입주한 지 한 달도 채 되지 않아 이내 4, 50평은 되

♥ 한국 102위
영국 108위
캐나다 111위
프랑스 129위
미국 150위
러시아 172위

어야 그
래도 사는 것처럼 사
는 게 아닐까 하는 욕
심이 슬그머니 고개를 쳐
들게 마련입니다.

영국 신경제재단이 세계 178개국을 대상으로 연구한 행복지수 입니다

　그러나 물질과 행복지수는 결코
비례하지 않습니다. 그래서 물질만능 시
대를 살아가는 현대인들에게 더더욱 필요한
것이 바로 욕심을 다스리는 일입니다. 노력하지 않고
얻은 것에 대해 사람들은 그 가치를 귀히 여기지 않기 때문이지요.

　사람들은 우리가 생각하는 것보다 훨씬 많은 것들을 소유하고 있습니
다. 그러면서도 우리는 늘 뭔가를 채우지 못해 안달합니다. 지금 내가 소
유하고 있는 것들이 얼마나 많은지 하나하나 따져보세요. 그 엄청난 가짓
수와 양에 스스로 놀랄 것입니다.

타인의 도움 없이 양말을 신고 밥을 먹고 책을 읽고 일을 하는 것, 비바람을 막아주는 따뜻한 집과 열심히 일할 수 있는 직장과 사랑스런 가족이 있다는 것, 책 한 권을 살 수 있는 여유와 한 끼의 식사 그리고 타인을 배려할 줄 아는 마음, 이런 소소한 일상이 가져다주는 행복에 대해 깊이 감사할 일입니다.

아시겠어요? 물질과 행복이 비례하지 않는다는 거!

행복지수 1위는 오세아니아의 작은 섬나라 '바누아투'

곡선의 미학

가을이 깊어가는 어느 날, 경기도에
있는 용주사라는 절에 들른 적이 있습
니다. 절의 입구인 일주문을 지나 삼문에
닿을 때까지의 거리는 그리 길지 않았습니다. 그런
데도 저만치 곡선으로 이어진 길은 걷는 내내 묘한 심상을 불러일으켰습
니다.

생각해 보니 오래 전 막내아들과 함께 들렀던 부석사 역시 직선이 아닌
유연한 곡선으로 길이 이루어진 기억이 나더군요. 그래서인지 아들의 손
을 잡고 무량수전을 찾아가는 길은 보일 듯 말 듯 아주 조금씩 그 모습을
드러내는 가람伽藍을 찾아가는 설레는 여행길이었습니다.

직선으로 만들었다면 길을 닦는 시간도 절약되었을 테고, 또 목적지에
훨씬 빨리 다다를 수 있을 것입니다. 그럼에도 불구하고 우리 조상들은
왜 입구까지 다다르는 길을 굳이 곡선으로 만들었을까요? 법정 스님의
'곡선의 묘미'라는 주제의 법문 가운데에 다음과 같은 대목이 있습니다.

"사람의 손이 빚어낸 문명은 직선입니다. 그러나 본래 자연은 곡선입니

99

다. 인생의 길도 곡선입니다. 끝이 빤히 보인다면 무슨 살맛이 나겠습니까? 모르기 때문에 살맛이 나는 것입니다. 이것이 바로 곡선의 묘미입니다. (……) 때로는 천천히 돌아가기도 하고, 어정거리기도 하고, 길을 잃고 헤매면서 목적이 아니라 과정을 충실히 깨닫고 사는 삶의 기술이 필요합니다."

속도감은 날로 더해지고, 하루하루 살아가는 일은 전쟁터를 방불케 합니다. 하지만 모두가 승자가 되는 전쟁은 있을 수 없습니다. 결국 어느 한쪽은 패자가 될 수밖에 없다는 지극히 당연한 논리를 낳을 뿐이지요. 그렇다 보니 이러한 논리를 바탕으로 돌아가는 삶의 터전은 메마르고 거친 사막처럼 변화되어 갑니다. 게다가 경쟁 과정에서 소외되거나 뒤처진 사람들이 느끼는 고통은 더욱 깊어져 그만 삶의 자락을 놓아버리는 극단적인 선택을 하도록 몰아가기도 하지요.

우리에겐 직선이 아니라 곡선으로 삶을 바라보는 시선이 필요합니다. 곡선의 시선은 삶 자체를 한층 더 여유롭게 바라보게 하기 때문이지요. 물론 곡선의 길을 따라 하나하나 벽돌을 쌓아간다는 것

세상은 네모야!
무슨 소리야
세상은 세모지!

이런-이런-!
고정관념을
벗어 버리세요!
동그란세상이
보일겁니다

이 쉬운 일은 아닙니다. 곡선에 맞추어 각지거나 튀어나온 부분은 잘라내어 다듬기도 하고, 또 빈 공간은 그 모양에 꼭 맞게 벽돌을 잘라 채워 넣기도 해야 하니 말입니다. 게다가 직선과 달리 그 끝이 보이지 않으니 얼마나 더 벽돌을 쌓아야 하는지도 알 수 없는 일입니다. 그러나 이러한 과정들은 곧 생존경쟁의 현장에서 스스로를 구해낼 힘으로 전환됩니다. 그것이 바로 직선의 삶에서는 얻을 수 없는 곡선만의 힘인 것이지요.

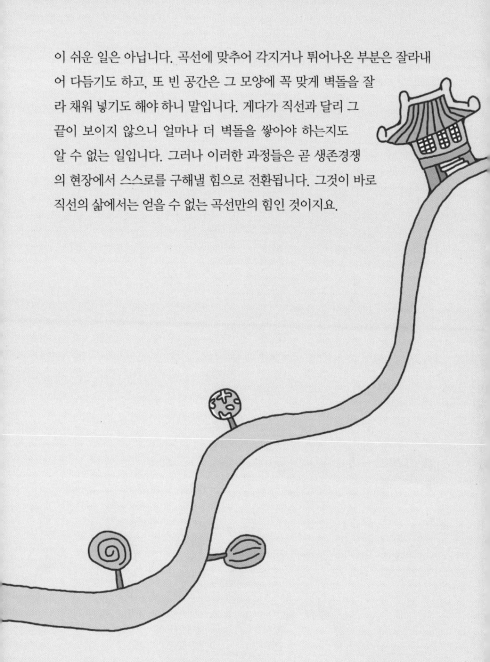

아름다운 얼굴
만들기

서점에 들러 책을 사들고 돌아나오는 길이었습니다. 30대로 보이는 부부가 앞서 걷고 있었습니다. 그런데 지하 3층까지 내려가는 동안 그들은 뒤에 사람이 오든 말든 휙, 하고 문을 밀어제치며 자신들만 빠져나가버리고 말더군요. 그들이 뒤에 있는 나를 다시 볼 확률은 거의 없을 테니 신경쓸 일이 아니었겠지요.

이런 경우도 있었습니다. 뒤에 오는 사람을 위해 내가 잠시 문을 잡아주자 그 틈을 이용해 서너 명의 사람이 순식간에 그 문을 빠져 나가더군요. 어찌나 기술적인 몸동작이든지요. 두 경우의 사람들 모두 타인을 배려하는 것에는 전혀 훈련이 되어 있지 않은 사람들인 것 같습니다.

물론 그렇게 사는 것도 삶의 한 가지 방식일 수 있습니다. 그렇게 요령껏 사는 게 세상살이 아니냐고

오히려 따져 물으실 수도 있겠네요. 하지만 'No!' 라고 단호하게 말하고 싶습니다. '타인'이 존재하는 가운데 '나'라는 존재 역시 그 의미가 살아나는 것이니까요.

품격과 품위는 어느 날 갑자기 솟아나지 않습니다. 평소 자신을 다스리고 가다듬는 가운데 자연스럽게 몸에 배어드는 것이지요. 아직 준비가 되지 않은 상태에서 과분한 지위에 오른 사람들을 접할 때가 있습니다. 그렇더라도 최선을 다하는 과정을 보이며 좋은 결과를 불러온다면 크게 문제될 것은 없습니다. 하지만 이내 능력의 한계를 드러내는 사람들이 종종 있습니다.

꿈이나 목표를 저 높은 곳으로 설정했다면 20대, 30대, 40대를 거치며 차분히 참된 실력을 쌓아올려야 합니다. 품격과 품위도 함께 쌓아야 하는 것은 두말하면 잔소리지요. 나이를 먹을수록 내면이 여과 없이 얼굴에 드러난다는 사실을 알고 계신가요? 나의 얼굴이 어떻게 변해갈지, 대수롭지 않게 해버린 자신의 행동 하나하나가 슬슬 겁나지 않으세요?

당신은 어떤 얼굴을 만들어가고 있나요.

젊은 나와
만나는
일

내 삶의
시간을
책갈피 처럼
끼워 넣을 수
있는법은?

Diary

일기-❶

책장을 정리하다 빛바랜 몇 권의 일기장을 발견했습니다. 1993년 3월부터 그 이듬해 7월까지의 기록들이더군요. 일기장이라기보다는 두 아이를 키우면서 보고 느낀 점을 기록한 일종의 육아일기라고 하는 게 더 어울릴 법한 노트입니다.

워낙 치열하게 앞만 보며 살아온 터라, 어떻게 아이들을 키우며 살아왔는지 선명하게 기억에 남는 것이 없었습니다. 그 기록들을 보면서 비로소 되새기게 되었지요. 게다가 자신들의 아기 때 모습을 꼼꼼하게 기록한 이 육아일기를 아이들이 읽게 된다면 얼마나 감동할까요. 더불어 그런 기회를 갖게 해준 저에게 감사의 마음도 살짝 갖게 되겠지요. 첫 페이지를 펼치니 이런 문장이 있네요.

"민수 나이 만 4년 6개월, 현수 나이 11개월이다. 그들 스스로가 일기를 쓸 수 있는 날까지 아버지가 보는 두 아들의 성장사를 남기고자 한다. 여기에는 두 아들의 건강과 결실을 바라는 아버지의 기도와 정성이 함께 할 것이다. 더욱이 물처럼 흐르는 세월 속에서 그들과 진정으로 함께 할 수 있는 세월은 불과 10여 년이다." -1993년 3월 6일 토요일 저녁, 아버지

　그런데 왜 육아일기를 쓰기로 마음을 먹었
을까요. 서문에 있는 "나에게는 어린 시절의 기록이
없다. 세월이 갈수록 아쉬운 부분이다"라는 부분을 통해 저의 의중을 짐
작할 것도 같습니다. 또 자식들에게 시대의 흐름을 읽고 미래를 준비시키
려는 아버지의 작은 바람이 있었는지도 모릅니다.

　생각지도 않게 과거로의 여행을 다녀오다니, 뜻밖의 행운이 아닐 수 없
습니다. 아이들의 기록을 통해 잠시 다녀온 여행길에는 이제 저 세상으로
가버린 아버지, 어머니, 장인, 장모도 계십니다. 아름답기만 한 젊은 아내
의 모습도 있고, 그 곁에 빈손으로 시작해 더 나은 삶을 만들기 위해 애쓰
는 30대 초반의 젊은 '공병호'도 있습니다. 무엇이든 이뤄낼 수 있다는
신념으로 가득 찬 젊은이의 모습으로 말입니다.
　의식의 저 편에서 들려오는 우렁찬 목소리가 "삶이란 좌절하지 않고 자

몇년뒤 일기장을 보며 또 그렇게 말할 수 있었으면 좋겠습니다

신이 원하는 대로 만들어가는 것이다!"라고 외치고 있습니다. 그 과정에서 넘어지거나 쓰러져 상처가 생길 수도 있겠지요. 그래도 다시 일어서 나아 가는 자세, 그것이 바로 젊음만이 가질 수 있는 용기겠지요.

그 시절의 삶이 애잔하게 다가와 강한 힘을 주고 사라집니다. 돌이킬 수 없어서 그 시절이 더 아름다운 것인지도 모르겠습니다. 하지만 지금도 늦지 않았습니다. 그때의 내 목소리에 귀기울여 보세요. 불끈! 힘이 솟아 날 테니까요.

처음 느낌
그대로

평소 알고 지내던 어떤 분의 집무실을 방문했
을 때의 일입니다. 그 분의 책상 뒤쪽 벽에는
단아한 글씨체로 '처음처럼'이라고 쓰인
액자가 걸려 있었습니다. 그것을 보는 순
간, 한글이 참 아름답다는 생각이 들었습
니다. 그건 아마도 글의 의미처럼 늘 열심
히 사는 그 분의 마음이 한층 더해졌기 때문
일 것입니다.

아자!

성공에 필요한
세가지!
① 초심 ② 열심 ③ 뒷심
그중 제일 중요한 것은
"초심"
왜냐하면
「열심, 뒷심 ⊂ 초심」
이니까요!

지금의 우리나라를 일궈놓은 기성세대들 중 대부분은 넉넉하지 못한
형편에서 성장한 경우가 태반입니다. 저 역시 일곱 명의 형제들로 북적거
리는 집에서 자라다보니 늘 아쉬움이 많았지요. 자식들을 먹이고 입히고
교육시키기 위해 밤낮없이 애쓰시던 부모님의 모습이 아직도 아련합니
다. 먹을 것조차 흔치 않던 시절의 그 고생을 어찌 말로 다할 수 있겠습니
까. 코끝이 찡해질 뿐이지요.

아이들에게 종종 제 어린 시절 이야기를 들려주곤 합니
다. 한 장의 김을 잘게 나누어 일곱 명이 공평하게 나누어

먹던 일, 고기가 충분치 않아 잡채를 만들어 양을 불린 다음 나누어 먹던 일 등, 요즘 아이들로서는 실감하기 어려운 이야기이지요. 우리 모두 '처음 시작하던 때의 마음'을 되새길 때입니다. 물론 과오도 많은 기성세대이긴 하지만 그들의 헌신과 피땀 어린 노력이 없었다면 지금의 우리도 없었을 것입니다.

더 많이 일하고, 더 많이 생각하고, 더 많이 준비하고, 그래서 우리의 아버지와 어머니가 일궈냈던 민족적 부흥이 이 시대의 정신으로 다시 자리 잡기를 소망합니다. 소망이 깊으면 반드시 이루어진다는 말, 꼭 믿고 싶습니다.

당신의
목적지
알고 있나요?

"대부분의 사람들은 결코 자신이 되고 싶지 않은 것에 대해서는 비교적 정확하게 표현할 수 있다. 그러나 자신이 바라는 모습이 무엇인지에 대해 정확히 말하는 것에는 종종 어려움을 느낀다. 왜냐하면 이런 긍정적인 모습들은 보다 분명하고 구체적으로 표현해야 하는 어려움이 따르기 때문이다."

아직 안 늦었어요
목적지를 정하세요
—
—
지도도 구입하시고 —

스포츠카의 명가, 포르쉐 자동차를 위기에서 구한 벤델링 비데킹 회장이 쓴 글의 일부분입니다. 그의 지적처럼 대부분의 사람들은 자신이 무엇이 되기를 원하는지 명확하게 표현하지 못합니다. 그렇다 보니 자신이 추구하는 목표를 마음속에 새기는 일에 자연히 소홀할 수밖에 없고요.

삶에 대한 이러한 불명확한 태도는 자신의 목표와는 전혀 무관한 방향으로 빠지게 되거나, 소소한 일에 시간과 에너지를 낭비하는 결과를 불러옵니다. 강연을 통해 다양한 사람들을 만나는 저로서는 안타깝게도 실제 이런 경험을 한 사람들이 꽤 많다는 사실을 확인하곤 합니다.

우리는 먼저 자신이 되고자 하는 것이 무엇인지 세밀하게 그려낼 필요가

내일 (유럽배낭여행)을
떠날까해.
근데.. 아무런 정보도
지도도 없는데
어떡하지?
일단
떠나보고 생각할까?

당신은 친구에게
무어라고 말할
것 같습니까?

있습니다. 이러한 과정
은 나아가 도전 불가능한 일을 가능하게 만드는 힘으로
작용하기도 하니까요. 당신은 '나는 무엇이 되기를 원하는
가?' 라는 질문에 대해 첫째, 둘째, 셋째 순서를 정해 얼마나 뚜
렷하게 정의하고 있나요? 자신이 원하는 것이 무엇인지 아직까지
구체적인 밑그림을 그리지 못 했다면 당장이라도 그려보기 바랍니다. 구체
적이고 사실적인 그림은 더욱 효과적이라는 사실도 명심하시고요.

칠흑 같이 어두운 밤하늘이 있어 더욱 밝고 선명하게 빛나는 '북극성'처럼 자신의 미래에 대해 정확한 그림을 그리고 살아가는 사람들을 만날 때가 있습니다. 이들은 그렇지 못한 사람들에 비해 몇 배 이상의 자산을 소유하고 있는 셈이지요. 그리고 그러한 미래상을 완성하기 위해 지금 이 순간도 한 발 한 발 목적지를 향해 나아가고 있습니다. 막연한 기대나 희망이 아닌 보다 구체적이고 선명한 방법들을 통해서 말입니다.

삶이란 영화에서나 봄직한 근사한 모습만으로는 결코 영위되지 않습니다. 삶은, 사소하지만 선명한 미래와 그에 따른 구체적인 행동들을 훨씬 더 필요로 하기 때문입니다.

당연히 그렇게 말하시겠죠... 그럼
(유럽배낭여행) 대신에
(인생) 이라는 글자를
넣어보세요.

너.미쳤니?

그럼?

행복을 쌓아가는 ♥ 부자

"부자 될 궁리보다 행복해질 고민 먼저 하세요."

긍정심리학으로 유명한 심리학 교수 셀리그먼 박사는, 행복하기 위해 어떻게 하면 돈을 더 벌 수 있을까 고민하지 말고, 더 행복해질 수 있을까를 고민하라고 말합니다.

보통 사람으로서 선뜻 그의 충고를 받아들이기란 쉽지 않습니다. 우리가 흔히 범하는 실수 가운데 하나가 '이 만큼 벌면 더 행복해질 텐데' 라는 기대에서 벗어나지 못 한다는 점이거든요. 하지만 돈이란 아무리 많이 가져도 만족이란 게 있을 수 없지요. 집이건 자동차건 명품이건, 물질이란 아무리 좋은 것을 가져도 금방 싫증나게 마련이거든요.

그렇기 때문에 부자가 아니라, 바로 행복에 생활의 초점을 맞춰야 한다는 것입니다. 한번 생각해보세요. 하찮은 일상 속에서도 행복감을 느낄 때가 얼마나 많은지요. 의식적으로라도 그런 순간들을 가능한 많이 갖도록 노력하는 것이 곧 행복한 세상으로 가는 지름길입니다.

다음의 두 가지 습관만 지켜도 행복은 성큼 다가옵니다.

첫째, 매일 밤 잠들기 전 종이 위에 하루 중에 가장 좋았던 일 세 가지
    와 그 이유를 적어볼 것.
둘째, 자신만의 강점을 찾아 그것을 활용할 수 있는 목표를 세울 것.

세상 누구도 당신의 행복을 방해할 수 없습니다. '아, 행복해!' 라고
말할 수 있는 건 전적으로 자신에게 달려있거든요. 부자가 되
기 위해 열심히 노력하는 것도 의미 있는 일이긴 합니다.
하지만 부자가 목적이기보다는 행복을 목적으로
하는 것이 진정한 행복을 경험하는
방법입니다.

내 자리는
내가
지킨다

평생직장이란 말은 이미 사라진 지 오래입니다. 누구에게나 영원히 머물 수 있는 직장이란 더 이상 존재하지 않습니다. 이런 시대를 살아가면서 스스로의 자리를 지키기 위해 우리는 무엇을 어떻게 해야 할까요.

지속적인 '안정'이란 이미 존재하지 않는 세상에서 우리가 할 수 있는 첫 번째는 자신이 처한 상황을 수시로 점검하며 마음을 다지는 일입니다. 자신이 몸담고 있는 분야에서 어떤 변화가 일어나고 있는지, 그런 변화들이 자신의 직업에 어떤 영향을 미치는지, 그리고 그에 대비해 어떤 준비를 해야 하는지 등에 대해 점검하는 노력을 게을리 하지 않아야 합니다. 이는 성공한 사람들의 습관 중 하나가 바로 부지런함이라는 사실을 증명하는 것이기도 합니다.

생각의 범위도 지금 하고 있는 일에만 제한시킬 것이 아니라 인생 전체를 아우를 수 있는 보다 넓은 사고력으로 확장시켜야 합니다. 프로의식을 갖춰야 하는 건 너무도 당연하고요. 누군가 나에게 자비를 베풀 것이라는 생각으로 자신의 삶을 꾸려갈 생각은 아예 버리는 것이 바람직합니다.

대접받고 싶다면 먼저 상대에게 무엇을 해줄 수 있는지 곰곰이 따져보

세요. 세상으로부터 한층 업그레이드된 대접을 받고 싶다면 자신이 무엇을 제공할 수 있는지에 따라 그 수준이 좌우됨을 알아야 합니다. 나이를 먹더라도, 혹은 다른 불리한 조건을 갖고 있더라도 제공할 수 있는 확실한 능력을 지니고 있다면 내게 돌아오는 대접은 달라질 것입니다.

대접받지 못하는 사람들의 경우를 보면 "옛날에 내가 말이야!" 혹은 "내가 얼마나 잘나갔었는지 알아?" 하는 식의 말을 늘어놓기 일쑤지요. 하지만 내 삶의 질을 더욱 높이고 싶다면 과거에 연연하는 따위의 고루한 생각들은 과감히 잘라버리세요! 그리고 지금 당장 스스로에게 물어 보세요! 그 '무엇'을 제공하기 위해 나는 지금 얼마나 열심히 노력하고 있는지를요.

감동을 전하는
삶의 모습

젊은 주부들이 주요 독자층인 한 잡지사의 기자가 연구소를 방문했습니다. '아이를 어떻게 키울 것인가'라는 주제로 제게 인터뷰 요청을 해왔습니다. 아이를 키우는 문제는 시대에 관계없이 부모들의 최대 관심사라 할 수 있지요. 인터뷰 도중 기자가 이런 말을 하더군요.

"젊은 엄마들은 편안한 삶이 좋은 삶이라고 말합니다. 그래서 자신도 그렇고 아이들에게도 그런 삶을 마련해 주기를 희망합니다. 교육의 목적도 당연히 그런 의도라고 볼 수 있고요."

무심코 넘겨버릴 수도 있는 이야기였지만, '편안한 삶'이란 단어가 자꾸 거슬렸습니다. 편안한 삶이란 아무런 감동을 줄 수 없는 삶일 가능성이 높기 때문이죠. 감동을 주지 못하는 부모는 원천적으로 자식에게 긍정적인 영향력을 행사할 수 없습니다. 자식 농사에 성공하기를 원한다면 스스로 '나는 감동을 줄 수 있는 삶을 살고 있는가'라는 질문을 던져볼 필요가 있습니다. 그렇다고 '감동'이 큰 부를 이루었거나 성공을 통해서만 줄 수 있는 것은 아닙니

다. 감동이 배어 있는 삶이란, 목표를 실천하기 위해 혼신의 힘을 다할 때 드러나게 마련이니까요.

인터뷰를 마치고 생각하니, 젊은 주부들에게 했던 이야기는 결국 제 자신에게 하고 싶었던 이야기였습니다. 삶은 그저 편안함을 영위하는 것이 아니라 나로 하여금 사람들이 감동을 받도록 만들어가는 것이어야 한다는, 단순하지만 쉽게 잊고 사는 이 평범한 진리를 말입니다.

당신이 달리면
아이도 달립니다
당신이 걸으면
아이도 걷습니다

당신의 모습이
아이의 모습

성장
mindset

"에베레스트! 너는 자라지 못하지만 나는 자랄것 이다. 나는 반드시 돌아온다!"

세계 최초로 에베레스트 등정에 성공한 에드먼드 힐러리가 실패를 거듭 할때마다 외친말 입니다.

세일즈 업계에게 매니저로 일하고 있는 50대의 한 여성분을 만났습니다. 그분의 주요업무는 동기를 부여하고 성과를 관리하는 일입니다. 영업 경험은 3년에 불과하지만 매니저 일이 자신에게 적합한 것 같아 일을 무척 사랑하게 되었다고 하더군요.

그분은 일 년에 약 100여 권 정도의 책을 읽는다고 합니다. 독서는 자신을 성장시키는 데 매우 중요한 지침이 되어주기 때문이라더군요. 게다가 독서를 통해 얻은 지식과 정보를 혼자의 것으로 묵히지 않고 동료나 아래 직원들에게 전수하다 보니 자연히 성과도 좋아졌답니다. 그분의 모습은 즐거움으로 넘쳐보였습니다.

그런데 매일 매일이 즐거운 그분에게도 한 가지 고민은 있었습니다. 바로 남편과의 마찰이었습니다. 남편은 자기계발과 성장에 대해 그다지 관심을 갖고 있지 않은 분이라더군요. 그래서 자신이 읽은 것 중에 좋은 책

사람들이 네게 천재라고 한다고?

칭찬을 듣는 순간 바로 연습장으로 달려가라구! 그리고 전보다 훨씬 더 연습에 열중하라구!

들을 골라 매달 한 권씩 남편에게 권하기도 했지만, 아내의 간청에도 불구하고 남편은 시큰둥한 반응을 보이더랍니다.

남편과의 대화는 점점 줄어들게 되었고, 대화가 원활하지 않자 남편은 남편대로, 아내는 아내대로 각자 생활하게 되었다는 것입니다. 같은 곳을 바라보며 어깨를 맞대고 걸어가야 할 인생의 동반자인 부부가 각자의 패턴대로 살아간다는 이야기는 쓸쓸함마저 불러왔습니다.

이런 사태가 비단 이 부부만의 문제는 아닐 것입니다. 많은 부부들이 이와 비슷한 경험을 하고 있다고 고백하는 걸 보면 말입니다. 손뼉도 마주쳐야 소리가 나는 법인데, 부부가 합심하지 못한다면 당연히 문제는 생기게 마련이지요.

그분의 고민을 듣고 있자니 캐롤 드웩 교수의 『성공의 심리학 *mindset*』

이란 책이 떠올랐습니다. 이에 대해 저자는 명쾌하게 두 가지 개념으로 설명하고 있습니다. 하나는 항상 발전하는 것을 당연하게 여기는 사람들로서 주로 '성장 마인드셋(the growth mindset)'으로 무장하고 있는 사람들이고, 다른 하나는 현상유지를 당연한 것으로 여기는 사람들로서 주로 '고정 마인드셋(the fixed mindset)'으로 무장하고 있는 사람들입니다.

전자는 보다 적극적인 방식으로 자신의 삶을 창조해나가는 경우이고, 후자는 소극적이고 수동적인 자세로 당장의 안위만을 바라는 경우라고 할 수 있습니다.

당신은 어떤 유형에 속하는 사람인가요?

농구 황제
마이클 죠던이
타이거우즈에게
해준 충고래요.
멋지죠?!

행운의
여신을
만나고
싶으세요?

"백마 탄 왕자는 대체 언제 나
타나는 거야!"

"로또만 당첨되면 새로운
인생이 시작되는 거라고!
고생 끝, 행복 시작이야!"

내게도 과연 이런 멋진 일이 찾아올까? 엄청난 성공의 기회가 정말 주
어질까? 우리는 흔히 이런 일들을 행운이라고 부릅니다. 그러나 『준비된
행운』이라는 책을 보면행운의 의미가 조금 다르게 해석되어 있습니다.

"운과 행운은 다릅니다. 운은 오늘 이 순간 잠시 내 손 안에 머무는 것
이지만, 행운은 오늘 잠시 머문 것을 내일도, 모레도 내 것으로 만드는 것
입니다."

우연히 자신에게 다가온 운을 내일의 행운으로 이어갈 수 있느냐 없느
냐 하는 것은 결국 자신에게 달려 있다는 말이지요. 운과 행운은 뚜렷하
게 구분되어야 합니다. 행운이란 주어지는 것이 아니라 만들어가는 것이
기 때문입니다.

행운이라는 요리를 만드는 데에 특별한 비법이 숨어 있는 것은 아닙니다. 그저 열심히 준비하는 자세 정도가 유일한 재료라고나 할까요. 언제 어디서 행운의 여신이 손을 내밀지 알 수 없는 우리로서는 사소한 일상까지도 참된 마음을 담아 최선을 다해야 하는 것이지요. 질 좋은 재료가 최상의 요리를 만들어내는 것은 너무도 당연한 이치이니까요.

그래서인지 행운을 만들어내는 사람들을 보면 유독 타인에 대한 배려가 몸에 배어 있는 것을 볼 수 있습니다. 타인을 도움으로써 행운의 기회를 얻을 수 있다는 사실을 그들은 이미 깨닫고 있는 것이지요. 자신의 욕심을 채우는 데에 급급한 사람들은 항상 결과에만 주목합니다. 반면 배려에 집중하는 사람들은 결과가 아니라 과정 하나하나에 정성을 다하게 됩니다.

또한 그들이 가장 두려워하는 것 중의 하나는 바로 고정관념입니다. 매사를 자신의 좁은

잣대로만 단정 짓는 것, 그래서 자신이 알고 있는 것이 마치 전부인 것처럼 구는 행동은 자칫 겸손을 잃게 만들지요. 그들은 자신에게 주어지는 다양한 가능성의 문을 최대한 열어 보기 위해 고정관념 따위는 과감히 벗어던집니다. 이러한 실천들이 곧 행운의 여신과 손잡게 하는 원동력이 되기 때문이지요.

진정으로 행운을 잡고 싶으세요? 그렇다면 '행운은 다가오는 기회에 대비하여 미리 준비하는 것'임을 항상 기억하세요.

카푸치노

사소한, 너무나 사소한 성공 키워드

요리
비법을
소개합니다

　'요리는 종합예술이다'라는 말이 있지요. 어떤 음식이든 아무 생각 없이 그저 먹기만 하던 시절이 있었습니다만, 이제는 좀 다릅니다. 요리를 만드는 데에 필요한 재료들, 만드는 방식 그리고 그에 따른 정성과 노고 등을 눈여겨보고 생각하게 됩니다.

　하지만 아무리 좋은 재료를 사용하고 많은 노력을 기울여도 고객들의 예민한 미각을 감동시킬 수 없다면 소용없는 일입니다. 그 세계에서 말은 필요 없습니다. 오로지 요리를 통해 고객의 입맛과 눈을 충족시킬 수 있느냐가 중요할 뿐입니다. 그래서 요리사에게 음식을 만드는 일은 진검승부와도 같다고 할 수 있을 것입니다.

　한 호텔의 총주방장인 요리의 명장 정영도 씨가 동탑산업훈장을 받고 인터뷰를 통해 삶과 직업에 대한 자신만의 세계관을 이렇게 말했습니다.

　"끈질긴 성실함은 태산도 옮길 수 있다고 했지요. 요리에 대한 열정과 사랑이 오늘을 있게 했습니다."

　평범하지만 진리가 담겨 있는 말입니다. 이러한 진리가 어느 직업엔들

해당되지 않겠습니까. 탁월한 기술을 가진 인물로 성장하는 데에는 일정한 기간 동안 갈고 닦는 수련의 시절이 있어야 하는 것이지요. 덤덤하고 밍밍하게 소극적으로 흘려보내는 시간이 아니라 자신의 전부를 걸고 기술 연마를 위해 헌신하는 시간 말입니다.

태산을 옮길 수 있는 힘이란 바로 이런 정신 자세와 노력에서 나온다고 할 수 있습니다. 열심히 하다 보면 그 일을 사랑하게 되고, 사랑하게 되면 더 열심히 하게 되는 것이지요. 주어진 조건과 환경, 능력에 따라 저마다의 출발점은 모두 다를 것입니다. 하지만 조금 늦게 혹은 조금 안 좋은 조건에서 출발했다고 해서 성공까지 방해받거나 늦춰지는 것은 아닙니다. 그러한 조건들이 자신을 자극시켜 오히려 열정을 불어넣을 수 있으니까요. 정영도 씨는 끝으로 이런 말을 남겼습니다.

"무엇이든 쉽게 포기하는 요즘 젊은이들에게 끈기와 성실만 있다면 어떤 어려움도 이겨낼 수 있다는 사실을 전해주고 싶습니다."

독보적인
존재 되기

『세계는 평평하다』라는 책에 소개된 내용입니다. 로이터 통신의 미국 지사장 데이비드 슐레진저가 정리해고를 앞두고 직원들에게 보낸 비망록에는 다음과 같은 글이 실려 있습니다.

꼭 글 필요는 없고 꼭 필요하기만 하면 돼!

"요즘 아웃소싱 문제에 대한 논란이 뜨겁습니다. 그러나 인도, 중국, 멕시코로 일자리가 옮겨지는 일은 내가 나서 자란 코네티컷 주의 뉴런던에서 포경업이 사라지는 일이나, 매사추세츠에서 신발공장이 사라지고, 캐롤라이나에서 섬유공장이 사라지는 것과 다를 바 없습니다. 그렇게 하는 것이 궁극적으로 인도의 방갈로르나 중국의 선전뿐만 아니라 뉴런던과 매사추세츠, 뉴욕에게도 이득입니다. 일이 국경을 넘어감으로써 인력과 자본은 더욱 자유로워지고 더 낮은 비용으로 생산이 가능해집니다. 그럼 기업뿐만 아니라 소비자들도 이득을 보게 됩니다."

이런 변화에 사람들은 어떻게 대응해야 할까요. 누군가 나서서 나를 도와주어야 한다고 고함지르고 무리한 요구를 앞세우는 것만이 유일한 방책일까요. 슐레진저는 이렇게 말합니다.

"기업뿐만 아니라 사람들도 제분소나 신발공장에서 일했던 우리의 부모와 조부모들이 그랬던 것처럼 자신의 갈 길을 스스로 개척해야 합니다."

세계는 날로 평평해지고 있습니다. 그런 시대에 가장 위험한 것은 평범하게 안주해 있는 사람들입니다. 독보적인 존재가 되지 못 하고 그저 평범하게 머물면 어느 누구도 자신을 보호해 주지 않습니다. 토머스 프리드

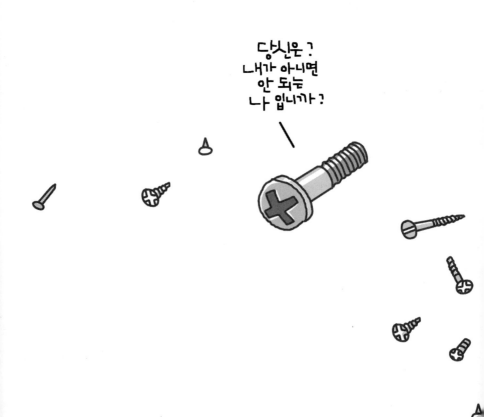

먼은 "평평한 세계에서는 모두가 대체할 수 없는 사람이 되어야 한다. 그러므로 '대체할 수 없는 사람'에 대한 나의 개념 정의는 '그의 일을 누구도 아웃소싱 할 수 없는 사람'이라는 뜻이다"라고 말합니다. 정말 정신이 번쩍 나는 말 아닌가요.

"그 일은 내가 아니면 절대 안 돼!" 하는 굳은 각오로 치열하게 도전해 보세요. 자신의 일자리는 자신 스스로가 만들고 지켜나가는 것이니까요.

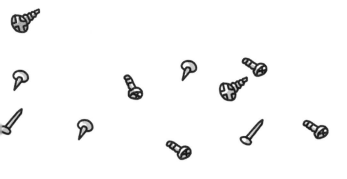

숙성의
시간

요즘, 목적지까지 길을 안내해주는 네비게이터 업계를 보면 춘추전국 시대를 방불케 할 정도로 경쟁이 치열합니다.

이런 가운데 기회 선점으로 시장의 50퍼센트를 차지하고 있는 한 업체가 있습니다. 이 기업의 창업주 김진범 사장은 통신연구소의 연구원으로 사회생활을 시작했습니다. 1990년대 중반 이후 휴대폰과 인터넷이 하루가 다르게 급성장 하자 스스로에게 "인터넷과 이동통신이 지속적으로 발달하면 세상은 어떤 모습으로 변화할까?"라고 질문합니다. 그 대답은 이렇습니다.

"점점 더 많은 물류와 커뮤니케이션이 오고가고 더불어 비용도 많이 들 것이라고 생각했습니다. 그래서 개인과 기업들은 비용을 줄이려고 안간힘을 쓸 테고요. 그 순간 해답이 떠올랐어요. 답은 '항해사(네비게이션)' 였습니다. 한

언젠가는 널 만나게 될 줄 알았어.

나를 네게로 이끈 건 은근과 끈기라는 네비게이션 -○

번도 제공되지 않은 서비스라고 판단해 주저 없이 뛰어들었어요."

우직하게 자신을 담금질하는 10년 이상의 세월이 있었기에 답을 찾아낼 수 있었을 것입니다. 아무리 속도가 지배하는 세상이라 해도 자신을 숙성시키는 시간만큼은 충분하게 가져야 할 필요가 있습니다. 한 분야의 획을 그으려면 말이지요.

변화에
적응하기

세상의
변화에
적응하지
못하면
당신도
자연도태
...

어느 일요일 오후, 가까운 전자제품 할인점을 찾았습니다. 선풍기를 구입하기 위해서였지요. 비교적 더운 날씨였습니다. 가는 길에 이런 광경을 목격하게 되었습니다.

길가에 소형 트럭을 세워놓고 유화를 팔고 있는 분이 있었습니다. 대부분의 그림들은 오래 전 이발소에서 볼 수 있었던 그림과 비슷한 것들이었습니다. 정형화된 시골풍경과 물레방아가 있는 그런 그림 말입니다. 요즘에도 저런 그림을 사는 사람들이 있을까 하는 의문이 들었습니다. 더군다나 공간도 하나의 인테리어적 요소로서 그 활용도가 날로 비주얼화 되고 있는 시대에 말이지요.

조금 더 지나가자 이번엔 길가 골목에서 역시 소형 트럭을 세워놓고 통닭구이를 파는 분이 눈에 들어왔습니다. 이렇게 더운 날씨에 누가 저 뜨거운 기계 앞에 기다리고 서서 통닭을 사가려고 할까 하는 생각이 들었습니다. 전화 한 통화면 쏜살같이 배달해주는 세상인데 말입니다. 바라보는 것만으로도 땀이 줄줄 흐르는 것 같았습니다.

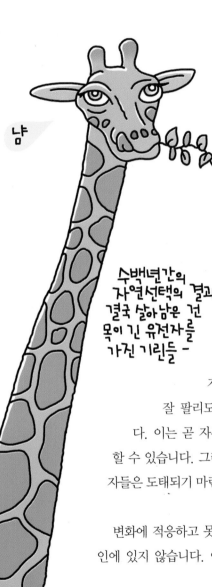

냠

수백년간의
자연선택의 결과
결국 살아 남은 건
목이 긴 유전자를
가진 기린들 -

두 광경은, 자본주의 사회
를 살아가는 삶에 대해 많은
생각을 하게 했습니다. 그러
면서 한편으로 애잔한 감정
이 스멀스멀 뒤섞였습니다.
세상은 하루가 다르게 변
하는데, 시대에 발맞추지
못 하는 그들의 모습이 몹
시 안타까웠습니다.

자신이 가진 상품이나 서비스가
잘 팔리도록 하는 것은 각자의 책임입니
다. 이는 곧 자본주의 사회의 빛과 그림자라고
할 수 있습니다. 그래서 이 사회에 적응하지 못하는
자들은 도태되기 마련이지요.

변화에 적응하고 못 하는 문제는 외부적 환경과 요
인에 있지 않습니다. 어디서든 변화에 적응하기 위해

노력하는 사람들을 보면 스스로를 되돌아보고 세상을 다시 바라보는 데에 게을리 하지 않습니다. 세상의 필요에 맞추어서 스스로를 바꿀 줄 아는 능력은 남다른 노력 없이는 불가능한 일이거든요.

우리들의 삶은 수많은 변화를 거듭하며 그 속에서 이루어지는 일련의 변신들로 이루어지고 있습니다. 적응할 줄 아는 자만이 살아남을 수 있는 세상. 너무 냉혹한 표현인지는 모르겠습니다만, 그것이 바로 자본주의 사회를 살아가는 우리가 지켜야 할 삶의 지혜 중 일순위가 아닐런지요.

가치 있는
서비스

동대구역에 있는 한 식당에 들렀을 때의 일입니다. 종업원이 가져다 준 메뉴에는 딤섬부터 시작해서 각종 퓨전 음식들이 빼곡했습니다. 생소한 음식 이름을 대한 손님들은 으레 종업원에게 물어보기 마련이지요. 저 역시도 크게 다를 건 없었습니다.

"저, 어떤 음식이 가장 자랑할 만한가요?"

보통의 사람들은 선택의 폭이 커지면 오히려 스트레스를 받게 되는 것 같습니다. 그때 가이드의 역할이 한몫을 하게 되지요. 선택에 따르는 약간의 고통을 덜어주는 것도 고객에게 제공할 수 있는 귀한 서비스 가운데 하나일 테니까요.

이런 요구를 받았을 때 제대로 훈련되지 않은 많은 종업원들은 대부분 "다 맛있어요." 혹은 "글쎄요." 하고 말합니다. 손님의 나이와 성별 파악만으로도 얼마든지 서비스할 수 있는 부분인데 말입니다. 예를 들어보겠습니다.

"네 손님, 우리 가게에서는 이러이러한 세 가지 메뉴 가운데 하나를 선

택하시는 것이 좋을 것 같습니다. 그 중에서도 저라면 특히 이것을 선택하겠습니다."

이 정도의 응대면 거의 95점 수준의 서비스라고 할 수 있겠네요. 선택의 폭이 넓어지는 것은 때로는 즐거운 경험이기도 하지만, 가끔은 혼란스러워지기도 하거든요. 고객들의 선택을 도와주는 것 역시 판매자가 제공할 수 있는 귀한 가치임을 잊지 마시기 바랍니다.

성공의
열쇠를
만드는
방법

성공의 열쇠도 실패의 열쇠도 자신이 쥐고 있다는 사실!

대학 동기 모임에 참석했을 때의 일입니다. 대학을 졸업한 지 20여 년이 지난 시점인지라 친구들 가운데는 한 분야에서 이미 자리를 잡은 경우도 있고 더러는 그렇지 못한 친구들도 있었습니다. 세상살이가 그렇듯이 모두가 원하는 결과를 거둘 수는 없는 일이니까요.

그럼에도 불구하고 인간의 삶이란 개개인의 차이가 왜 이렇게 크게 나는 것일까 하는 의문이 머릿속을 떠나지 않더군요. 운이 좋아서 혹은 운이 나빠서라고 말할 수도 있을 것입니다. 하지만 운이란 인간의 영역 밖의 문제인지라 단순히 그렇게 치부하기에는 뭔가 석연찮음이 있습니다. 그렇다면 인간이 통제할 수 있는 영역 내에서 문제점을 찾아봐야 할 것입니다.

최근에 읽었던 성공학의 고전, 『성취의 법칙』이란 책에는 성공한 사람과 그렇지 못한 사람 사이에 존재하는 차이, 그 차이의 요인들을 다루고 있었습니다. 저자는 이러한 요인들을 '성취를 위한 6가지 법칙'이라 명시하고 다음과 같이 구체적으로 설명하고 있습니다.

첫째, 잠재의식의 법칙-내면의 무한한 힘을 이용하라.

둘째, 욕망의 법칙-구체적이고 간절한 욕망을 품어라.

셋째, 목표의 법칙-뚜렷한 목적과 목표를 마음에 새겨라.

넷째, 믿음의 법칙-자아에 대한 확고한 믿음을 가져라.

다섯째, 상상력의 법칙-소원이 이미 이루어졌다고 상상하라.

여섯째, 가르침의 법칙-위대한 인물들의 가르침을 기억하라.

④ 자아에 대한 확고한 믿음

⑤ 소원이 이미 이루어 졌다고 생각한다

⑥ 위대한 인물의 가르침을 기억하라

　여섯 가지 가운데 어느 것 하나 버릴 게 없이 백배 공감하게 되는 법칙들입니다. 스스로 자신의 삶을 되돌아보며 6가지의 법칙을 어느 정도 지키고 있는지 확인해 봐야 합니다. 미처 실천하지 못하고 있는 법칙이 있다면 이제라도 노력해 보세요. 수시로 변화하는 외부 환경 속에서 성공의 문을 열 수 있는 열쇠는 자신의 손 안에 있으니까요.

좋은 습관이
안겨주는 대가

꾸준한 노력과 성실함이 인생을 성공으로 이끌어줄 이정표랍니다. 여러분!

저는 성실함을 무엇보다 중요하게 여깁니다. 집을 짓듯 성실함 역시 삶의 벽돌을 하나하나 쌓아가는 것이기 때문입니다.

이따금 작가라는 이름으로, 낭만이라는 이름으로, 젊음이라는 이름으로 불규칙적으로 생활하며 건강을 해치는 사람들을 볼 때가 있습니다. 하지만 작가라고 하더라도, 젊다고 하더라도 그다지 낭만적이지도 멋있어 보이지도 않습니다. 일이란 차곡차곡, 그것도 꾸준히 쌓아가는 과정이 중요하며 그 과정에는 반드시 정성과 혼이 가득 담겨야만 원하는 것 이상의 무언가를 기대할 수 있기 때문입니다.

비교적 다작多作인 편인 저에게 사람들이 흔히 그 비결을 물을 때가 있습니다. 그럴 때마다 제가 강조하는 것은 성실함입니다. 보통 200자 원고

지로 800장 정도의 분량이 되어야 한 권의 책을 만들 수 있습니다. 그렇다면 매일 원고지 20장 정도의 분량을 꾸준히 쓴다고 가정해 보세요. 40일이면 한 권의 책을 만들 수 있는 800매의 분량이 완성되는 것이지요. 마음만 먹으면 얼마든지 가능한 일입니다. 매일 매일 자신의 생업과 관련해 꾸준히 갈고 닦는 것은 엄청난 보람과 성취감, 더불어 그만큼의 보상을 얻게 됩니다.

이따금 절에 들르면 오랜 세월 동안 졸졸 흐르는 물줄기에 연마되어 반들반들해진 우물가의 돌을 보게 됩니다. 약한 물줄기가 강한 돌을 연마하는 그 힘은, 일확천금을 노리는 한순간의 꿈이 아니라 꾸준히 쉬지 않고 흐르는 성실함에서 비롯된 것이겠지요. 우리네 삶과 다를 게 없는 모습입니다.

지극한 정성과 하루하루 꾸준히 노력하는 성실한 마음이면 세상 못 이룰 게 뭐가 있겠습니까. 지금 이 순간을 살아가는 나의 마음가짐이 하루, 한 달, 일 년, 그리고 평생을 결정한다고 생각해 보세요. 헛되이 시간을 낭비하지 못할 테니까요.

버려둔
주인의식을
찾아오세요

잎, 줄기, 뿌리 모두
제 역할을 다할때
나무는 비로소 나무!

아니면
모두멸망

이른 아침,
책장 앞을 어슬
렁거리다 우연히 만화
가 허영만 화백의 책 『부자 사전』을 꺼
내보게 되었습니다. 화백 자신의 이야기가 소개되어 있더군요.

그의 화실에는 네 명의 문하생이 있다고 합니다. 허 화백이 스토리를
쓰고 연필 데생을 마치면, 그 네 명의 문하생이 잉크작업을 하는 식으로
작업이 진행된다고 합니다. 원고가 끝나고 마지막 점검을 할 때 허 화백
이 문하생들에게 항상 하는 이야기가 있답니다.

"너희들이 가지고 있는 능력을 100% 쏟아내라는 말은 하지 않겠다.
70%만이라도 발휘해라. 지금처럼 자기 능력의 50%도 안 되게 작업하는
것이 버릇이 되어버리면 자신의 만화를 그릴 때 역시 그 이상 능력을 발
휘할 수 없기 때문이다."

문하생들의 귀에 못이 박히도록 허 화백이 이런 이야기를 하는 데에는
나름의 이유가 있습니다. 책을 쓰게 되면서 다양한 부자들을 만나게 되었

는데, 그들은 모두 사회 초년병 시절부터 뭔가 다른 점이 있었다는 사실을 발견했기 때문입니다. 바로 자신의 직책이 무엇이든 주인의식을 갖고 사고하고 행동한다는 점이었습니다.

물론 허 화백 역시 그런 과정을 거쳤기 때문에 오늘의 명성을 얻을 수 있었을 테지요. 저 역시 직장생활을 하던 시절이 있었습니다. 그때를 돌이켜보면, 타성에 젖어 항상 수동적이고 소극적으로 자신에게 주어진 일만 마지못해 하던 사람들이 떠오릅니다. 그들의 오늘은 과연 어떤 모습으로 변

내가 최선을
다해야 하는
이유

해 있을까요. 이것만은 분명합니다. 그들에게 성장과 발전이란 단어는 존재하지 않는다는 것 말입니다.

어디에 있든 항상 주인의식으로 온 힘을 다해 무엇인가를 창조하려는 사람들은 자신의 인생을 척척 개척해 나갑니다. 이런 사람들에게 돈과 명성이 함께 따르는 것은 너무도 당연한 결과겠지요. 이는 진리이자 동시에 진실이니까요.

우등생을 만든 부모들

언젠가 미국의 USA투데이에서 19년 동안 매년 실시해 온 흥미로운 조사 결과를 발표한 적이 있습니다. '최우등생으로 뽑힌 사람들의 성공에 어떤 요인들이 작용하였는가?'를 다룬 이 기사에는, 스탠포드 대학교의 로스쿨을 졸업한 다음 저소득 계층의 학업 성취를 높이기 위한 비영리 단체에서 일하는 조너선 그로스와, 하버드 대학교 의대에서 수련의 과정을 밟고 있는 낸시 조의 사례가 담겨 있습니다.

1988년 킬리안 고등학교의 최우수 고교생으로 선정되기도 했던 조너선은, 부모와 할머니 모두가 자신과 형제들을 마치 어른을 대하듯 동등하게 대했다고 말합니다. 더불어 "우리 형제의 아이디어나 질문, 생각들에 대해 부모님은 다른 어른들과의 대화나 다름없이 진지한 태도를 취하셨다"고 회고합니다.

1994년 월트 휘트먼 고등학교의 최우수 고교생으로 선정된 낸시 조는, 미국에 이민 와서 간호사로 일했던 어머니의 노고를 결코 잊을 수 없다고 말합니다. 하루에 16시간씩 일하면서도 자식의 교육을 위해 헌신하던 어머니를 회고하면서 "부모님을 통해 나는 목표를 향해 달려가는 삶이 중요하다는 것을 알게 됐다"고 말합니다.

첫 번째 사례는 자식을 키우면서 어떤 원칙을 가져야 하는지를 생각하게 합니다. 부모들은 주종의 관계로 자식들을 대하는 경향이 있습니다. 하지만 아이들은 부모가 대접하는 것만큼의 척도로 성장한다는 사실을 깨닫는다면 더 이상 자신의 아이들을 예전처럼 대하지는 못할 것입니다.

두 번째 사례는 부모가 자식에게 무엇을 남길 수 있을지에 대해 생각하게 합니다. 가치 있는 목표를 향해 달려가는 헌신적인 삶을 몸소 실천해 보이는 것이야말로 천금의 재산보다 귀한 가르침이 아니고 무엇이겠습니까. 부모 노릇도 성공적인 자식 농사도 저절로 이루어지지 않습니다. 부족하다면 배워서라도 실천해 보세요. 자식을 가르치는 것은 나라를 세우는 것과 다르지 않으니까요.

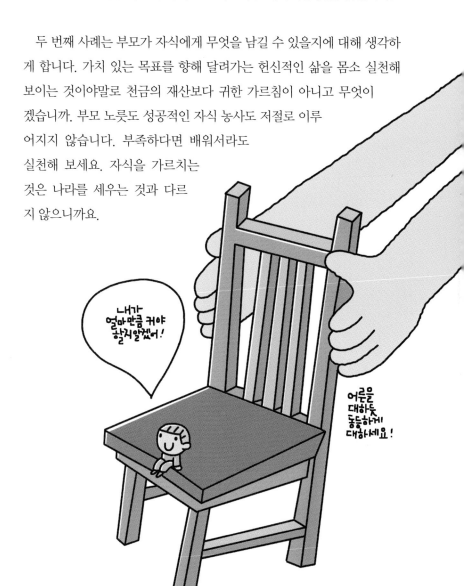

보고
또 보고
자꾸 보고

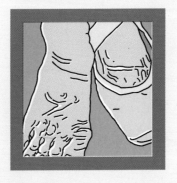

강수진은 한시즌(약 1개월)당
250 컬레의 토슈즈가 닳아
해진다고 합니다.

뉴욕 소더비는 미술품이나 문화재를 경매하는 국제적인 회사로 널리 알려져 있습니다. 이 회사에서 인상주의와 근대 미술을 담당하고 있는 부사장 스페판 코네리 씨가 한국을 방문하였습니다. 그를 만난 기자가 "미술을 보는 눈을 어떻게 기르느냐"고 묻자, 스페판 씨는 단순명료하게 "전시를 보고, 보고, 또 보러 다니는 게 너무너무 중요하다"고 답했다고 합니다.

언젠가 부동산 중개업으로 큰 기업을 만드는데 성공한 재미 사업가 남문기 회장은 자신의 회사를 거쳐 간 많은 부동산 에이전트 가운데 성공한 사람들의 특징을 발견하게 되었습니다. 그 중 가장 두드러지는 특징은 바로 '발품'이었다고 합니다. 매물을 한 번, 두 번, 세 번 자주 방문해서 보는 것만큼 중요한 것이 없다는 이야기겠지요.

무엇이든 초고속으로 충족시킬 수 있는 세상이 되긴 했습니다만, 그만큼 사람들의 참을성도 사라졌다는 뜻입니다. 지그시 참고 견디며 세월을 기다리는 것이 이제는 더 이상 덕목이 되지 못하는 세상인가 봅니다. 그러나 유행이나 특성에 관계없이 한 분야에서 무엇인가 자취를 남기고 싶은 사람이라면 잊어서는 안 되는 것이 한 가지 있습니다. 그것은 곧 '지속

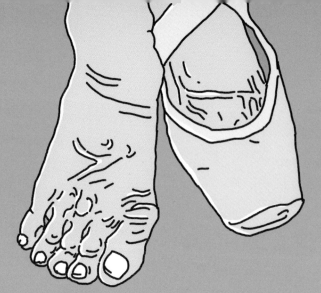

독일 슈투트가르트
발레단의
유일한 종신 단원이자
세계적인
발레리나인
강수진씨의
발입니다.

세상
어디에도
왕도란 없습니다
오직
끝임없는 연습만이
있을뿐입니다.

적인 끈기와 집요함'이라는 습관입니다.

주변을 돌아보면 좋은 머리와 일류학교의 학위를 갖고서도 제 자리를 잡지 못하는 사람들을 보게 됩니다. 지적 수준이 떨어지거나 머리가 나빠서 방황하는 것은 아닐 것입니다. 더러는 불운한 탓도 있을 수 있겠지요. 하지만 머리만을 과신하고 세상을 우습게 보았던 점이 방황의 원인이 되었던 것은 아닐까요.

머리가 조금 나쁜 건 중요한 문제가 아닙니다. 지적 수준이 조금 떨어지는 것도요. 이러한 부족함은 살면서 부지런히 채워나가면 되는 것들이지요. 괜히 독서를 하는 게 아니잖아요. 좋은 학벌이나 좋은 집안이 아니면 어떻습니까. 그런 건 하나도 문제될 게 없습니다.

세상을 만만하게 보고 무엇이든 빠른 시간 내에 승부를 보고 말겠다는 조급함과 얄팍한 심지, 이러한 것들이 성공을 방해하는 가장 위험한 요소입니다.

163

고수
VS
하수

　사업을 하거나 공부를 하거나, 자신이 몸담은 분야에서 걸출한 성과를 만들어낸 사람들에게는 나름의 노하우가 있게 마련입니다. 오늘날의 세븐 일레븐을 만들어낸 일본의 스즈키 도시후미는 장사에 대해 이런 이야기를 한 적이 있습니다.

　"장사는 항상 고객의 입장에서 생각하지 않으면 안 된다. 고객에게 이득이 되는 상품인지 손실을 불러오는 상품인지를 생각하고 판매하는 것이다. 나에게 득이 된다고 해서 일방적으로 판매하는 방식은 오래가지 못한다. 고객에게 득이 되는 판매는 우리에게도 반드시 득이 되고 고객에게 손실이 되는 판매는 반드시 우리에게도 피해를 불러오기 때문이다. 장사의 고수高手와 하수下手의 차이는 바로 여기에 있다."

　적극적으로 장사를 하는 것은 좋지만, 고객이 불필요하게 여기는 것을 밀어붙이듯 강매하는 일은 다음을 기약하지 못하는 판매방식입니다. 다시 말해 상품을 구매한 고객이 '아, 정말 잘 샀어!'라고 느낄 정도의 상품을 권하고 판매해서 꾸준한 고객으로 만드는 것이 진정한 고수라는 것이지요.

이러한 노하우가 어디 장사에만 해당되겠습니까. 세상을 살아가면서 맺게 되는 모든 관계가 다 그런 것이지요. 서로 윈-윈win-win할 수 있는 관계 말입니다. 그래서 인간관계에 뛰어난 사람에게도 고수라는 표현을 아끼지 않는 것이지요.

그렇다면 장사를 포함해 모든 분야에서 고수가 될 수 있는 좋은 방법은 없을까요. 특별한 노하우랄 것은 없지만, 무엇을 하든지 일의 중심에 '가치' 혹은 '가치 창출'이란 단어를 심어놓는 것, 그것이 바로 제 나름의 방식이라고 할 수 있습니다.

고객에게 물건을 팔거나 서비스를 제공할 때, '고객에게 더 많은 가치를 제공할 수 있는 방법은 없을까? 나는 과연 고객에게 제대로 가치를 제공하고 있는 것일까?' 라는 질문을 스스로에게 던져 보세요. 이것이 바로 고수로 접

어드는 첫 단계인 셈이니까요. 하지만 한두 번 시도하고 그쳐버린다면 시작하지 않느니만 못하죠. 그러한 사고가 완전히 몸에 배어 습관화되도록 하는 것이 필요합니다. 그 단계에까지 올라서면 주저없이 당신을 고수라고 불러드릴게요.

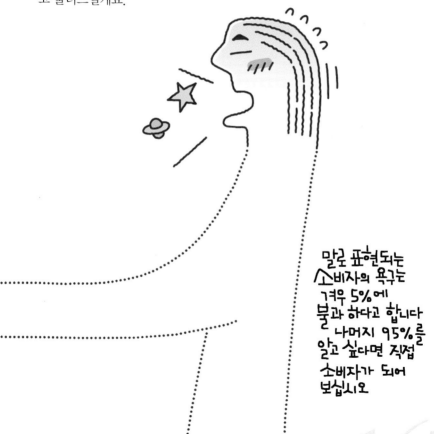

말로 표현되는 소비자의 욕구는 겨우 5%에 불과하다고 합니다 나머지 95%를 알고 싶다면 직접 소비자가 되어 보십시오

마키아토

불 타 는 노 을 , 그 열 정 의 미 학

행복한
시간
만들기

제주도 가서
여미지 식물원에
가야 휴가인가?
길가에 들꽃을 보러
잠시 앉은 시간도
행복한 휴가 인거지!

은행 신입사원 교육에 참가한 적이 있습니다. 무려 8주간의 교육을 마치고 사회에 첫발을 내딛는 젊은이들을 만날 수 있는 좋은 기회였습니다. 16년 간의 학교 교육과정을 마치고 온 사람들이죠. 한 명의 인간을 키워내는 데에 참으로 긴 시간이 소요된다는 생각이 들었습니다.

젊은이들의 얼굴에는 기대 반, 두려움 반이 뒤섞이긴 했지만 그래도 모두들 밝은 표정이었습니다. 그들의 시작점은 모두 같습니다. 처음 1년은 의무적으로 영업점에서 근무를 해야 하는 것이지요. 하지만 한두 해, 세월이 흘러가면서 그들은 각자 다른 모습의 인생을 만들어갈 것입니다.

그들을 보면서 사회에 첫발을 내딛던 저의 20대가 떠올랐습니다. 그로부터 20년의 세월이 흘렀습니다. 불확실함 속에서 나의 길을 찾기 위해 무던히 노력하던 시간들이었습니다. 치열함 그 자체였지요. 그러한 시간들이 오늘의 저를 만들어 준 것이겠지만요.

시간을
정지 시키세요
그리고 잠시
쉴줄아는
여유도
인생의 작은
행복 ♥

삼청동의 한 음식점에서 지인과 점심을 먹다 이런 얘길 꺼냈습니다.

"거리가 내려다보이는 창가에 앉아 도란도란 이야기꽃을 피우는 젊은
이들을 보면 나도 저런 시절이 있었나 하는 생각이 들어요."

그러자 앞에 계신 분이 너무도 당연하다는 표정으로 이러시더군요.
"지금도 늦지 않았어요. 얼마든지 가능한 일인걸요. 지금이라도 그런

시간을 가지면 되지요. 뭐가 걱정이세요. 누가 그렇게 하면 안 된다고 혼이라도 내나요?"

그저 열심히만 사느라 그런 여유를 가져볼 새가 없었던 거지요. 그러는 사이 세월은 훌쩍 달아나버렸고요. 이제 조금 여유가 생기는가 싶지만, 어느새 무언가를 시도하기엔 쑥스러운 중년이 되었습니다.

하지만 지인의 말처럼 모든 것이 늦었다고 생각하지는 않습니다. 어느 정도 생긴 여유 속에 나만의 정서를 만들어가는 것 또한 의미 있는 일일 테니까요. 어쩌면 불안하고 불투명하기만한 젊은 시절보다 지금이 더 아름다운 때인지도 모르겠습니다. 안정되고 평온한 가운데 모든 것에 감사하는 마음이 가득하니까요.

아내의 손을 잡고 삼청동 길을 걸어볼까 합니다. 그러다 따사로운 햇살이 곱게 내려앉는 찻집에라도 들러 창가에 마주앉아 이야기를 나누는 것입니다. 따뜻한 찻잔 사이로 서로의 손을 마주잡으면 사랑과 신뢰가 서로의 마음 깊이 전해질 것입니다. 아, 생각만으로도 행복해지는 순간입니다.

스스로
행복 찾기

가장 힘들다고 느껴질 때가 가장 수월할 때라는 말이 있습니다. 학교를 다니다 보면 이 힘든 공부를 왜 해야만 하나 하는 생각이 들곤 하지요. 세상에 나보다 더 힘든 사람은 없는 것처럼 말입니다.

하지만 스스로 생계를 책임져야 하고, 거친 사회를 헤쳐 나가야 하는 순간에 처하면, 그래도 부모님 밑에서 학교 다니던 시절이 좋았다고 입을 모읍니다. 그러면서 5년이 지나고 10년이 지나면 보다 여유 있는 생활을 할 수 있을 거라고 기대합니다.

그러나 삶은 그렇게 녹록하지 않습니다. 지식근로자들이나 전문가들의 경우도 지위가 올라갈수록 또 더 많은 것을 성취해갈수록 점점 더 시간에 쫓기며 살아갑니다. 게다가 지식이든 기술이든 라이프 사이클은 점점 더 짧아지는 추세여서 일의 양은 더 늘어날 수밖에 없습니다. 책임감 또한 몇 배로 증가하게 되지요.

그렇기 때문에 지금 처해 있는 현실에 감사할 줄 아는 마음을 갖는 것

많이 찾은 만큼
자주 찾는 만큼
당신은
행복 ♥

이 우선이란 생각이 듭니다. 행복은 결코 먼 미래나 흘러간 과거 속에 존재하는 것이 아니라 바로 지금 내 앞에 와 있는 것이기 때문입니다.

생각해보세요. 매끼 식사를 할 수 있고, 출근할 직장이 있고, 사랑스런 가족이 모두 건강하다는 것이 얼마나 큰 행복이며 감사할 일인지요. 그러다 가끔 하늘을 올려다볼 마음의 여유를 가질 수 있고, 동이 트는 새벽의 경건함을 느낄 수 있으며, 빗소리를 들으며 아이와 함께 낮잠을 즐기는 일요일 오후가 있다는 것이 얼마나 가슴 벅찬 행복인지를요. 행복은 어느 순간 짠! 하고 나타나는 것이 아닙니다. 미국 속담 중에 이런 말이 있습니다.

"Stop and Smell the Roses."

잠시 멈춰 서서 주변을 둘러보라는 아주 짧은 문장이지만, 우리로 하여금 얼마나 바쁘게 여유 없이 살아가고 있는지를 깨닫게 해주는 말이기도 합니다. 잠시 멈춰 서서 일상을 살피며 내가 누리고 있는 많은 것에 감사한 마음을 가져보는 것, 그것이 바로 행복을 찾아내는 방법임을 잊지 마세요.

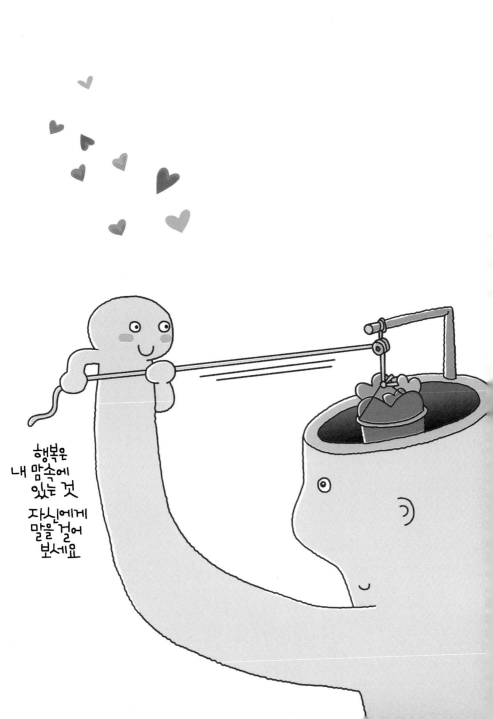

행복은
내 맘속에
있는 것

자신에게
말을 걸어
보세요

내일은 또 내일의 태양이 떠오릅니다

"야생화에 눈뜨면서 꽃이 예쁜 걸 알게 되었습니다. 깊은 산 바위 틈 가운데서 꽃을 만나면 보물을 찾아낸 아찔한 기분입니다. 카메라 파인더로 들여다보면 꽃술 하나하나가 그렇게 찬란할 수 없습니다."

서울대 국문과 교수직을 은퇴한 이익섭 씨는 야생화를 찍기 위해 전국의 산야를 찾아다닙니다. 인생은 끝없이 의미를 찾아가는 길이라고 할 수 있습니다. 그래서 인간은 최악의 상황이 주어져도 그 가운데서 나름의 의미를 찾아냅니다. 그 의미에 따라 지옥은 천국으로 변하기도 합니다.

정년퇴직을 하고나면 무료한 일상의 반복이 이어집니다. 그러나 이익섭 씨처럼 완전히 다른 차원으로 정년 이후의 삶을 펼쳐나가는 분들도 있습니다.

"무엇이, 무슨 커다란 힘이 나를 이렇듯 신비의 세계, 신성한 세계로 이끌어 주는지 신기하기만 하다. 그리고 앞으로 어떤 경이로운 세계가 더 펼쳐질지 마음이 설렌다. 외손자는 벌써 6학년이 되어 우리말도 능숙해져 지난번에는 국어를 100점이나 받았다고 날 듯이 좋아하였다. 내 야생화 점수는 몇 점이나 될까? 나는 100점은 바라지도 않는다. 내 새 출발이 한 걸음씩 꾸준히 전진해 간다면 그것만으로도 고맙고 고맙겠다. 아니 눈곱딱지 만한 꽃 앞에 쭈그리고 앉아 감탄을 보내는 마음이 오래도록 늙지 말고 지속되어 주기만 한다면 무엇을 더 바라겠는가?"

인간만이 행과 불행, 그 모든 것을 선택할 수 있습니다. 또 인간만이 늘 새롭게 출발할 수 있는 에너지를 지니고 있습니다. 눈을 감는 그 순간까지 우리에게 끝은 없습니다. 하루하루 새로운 태양을 맞이하듯 우리의 삶 또한 매일 매일이 새로운 시작이기 때문입니다.

그래서
난 행복해 ~

젊음은
순간일
뿐입니다

거북하긜!

갈라파고스 거북
평균수명 193년

2050년
인간수명
150세
예상

제 부모 세대는 어떻게든 가난을 벗어나는 것이 삶의 가장 큰 목표였습니다. 그렇다보니 보다 나은 미래를 위해 치러야 하는 희생쯤은 너무도 당연한 것이었겠지요. 그 희생 덕택에 지금의 저희들이 큰 부족함 없이 생활할 수 있는 것이기도 하고요.

요즘 주변에서 만나는 젊은이들 가운데는 숨 쉴 틈 없이 빡빡하게 돌아가는 직장보다 시간제 근무를 선택해 일하는 경우가 꽤 많습니다. 물론 정규직을 구하기 어려운 취업 현실이 하나의 원인일 수도 있을 것입니다.

하지만 직장에서 겪는 여러 가지 불편한 조건들을 견디지 못해 쉽게 그만두는 경우도 종종 보게 됩니다. 그런 젊은이들의 말은 한결같습니다.

"우선 맘이 편해야 되는 거 아닙니까. 젊음은 도전이라고 생각합니다. 상사 눈치나 보면서 그렇게 젊음을 보내고 싶지는 않습니다. 자유롭게 보다 다양한 일을 하고 싶습니다. 얼마간의 돈이 모이면 여행도 다니고요."

이런 젊은이들을 볼 때면 인생에 대해 진지하게 고민하게 됩니다. 평균 수명이 길어지면서 우리의 노후 역시 길어졌습니다. 어찌 보면 젊은 날보다 훨씬 긴 노후를 보내야 할지도 모릅니다. 하지만 인생을 얼마 살지 않은 젊은이들의 머릿속에 살아보지 않은 세월이 선뜻 그려지지는 않을 것입니다.

그렇더라도 짐작할 수는 있어야겠지요. 사회적으로도 노인들의 복지문제가 심각한 상태에 이르렀으니까요. 젊음은 순간이지만 그 이후의 삶은 생각보다 훨씬 길답니다. 지금의 사고체계로 점점 나이를 먹어간다면 어떤 상황이 벌어질까요.

40대 중반을 기점으로 육체는 서서히 기능이 떨어집니다. 부분적인 퇴화가 시작되는 것이지요. 시간이 지날수록 퇴화의 속도는 어찌해볼 겨를도 없이 빨라집니다. 그래서 젊음이 유지되는 동안 자신의 미래에 대한 준비가 필요한 것입니다.

　세상에 늙지 않는 사람은 없습니다. 그때를 염려한다면 지금 당장만을 위해 살아가는 생활방식이 얼마나 무책임한 것인지 깊이 생각하게 될 것입니다.

기회는 있을 때
잡아야지요

토요일 아침 느긋한 마음으로 책을 읽고 있는 중이었습니다. 그때 아름다운 피아노 소리가 조용한 집안에 가득 울려 퍼졌습니다. 큰아이가 치는 조지 윈스턴의 피아노곡이었습니다.

아이들의 악기 연주를 들을 때마다 '나도 악기 하나쯤 연주할 수 있었다면 좋았을 텐데······.' 하는 작은 아쉬움이 들곤 합니다. 어린 시절에 공부하는 것 외에 무언가를 배울 수 있는 기회를 충분히 갖지 못했거든요. 물론 지금이라도 못 배울 것은 없습니다만, 기회비용이 너무 큰 건 아닌가 하는 생각이 앞섭니다. 피아노를 치고 있는 큰아이 곁으로 가 한 마디 던졌습니다.

"힘들긴 했지만 그래도 열심히 배워서 이렇게 멋진 연주를 할 수 있으니 얼마나 좋으니. 배움을 청할 수 있는 기회에 열심히 배워두어라. 부모가 도와줄 수 있을 때 최대한 그 기회를 활용하는 거지. 그런 시간들이 쌓여 훗날 큰 자산이 되는 거란다."

기회는 평생 찾아오는 것이 아닌가 봅니다. 모든 것에는 다 적절한 때가 있지요. 무언가 배울 수 있는 기회가 주어진다면 조금의 주저함도 없이 도전해 보세요. 흘러가는 시간 속에 기회 역시 함께 묻혀버리거든요.
머뭇머뭇하다가 저처럼 후회할지도 모르잖아요.

자신과의
한 판
승부

어떻게, 또 왜 그렇게 많은 책을 쓰냐는 질문을 받을 때가 있습니다. 평소 생각해 보지 않은 부분이라 이 기회에 스스로 한번 정리를 해볼까 합니다.

우선 여기저기 잡다하게 기웃거리지 않는 저의 성격을 들 수 있습니다. 그래서인지 인생의 어느 시점에서든 스스로 추구하는 목표만을 바라보며 모든 에너지를 쏟아붓게 됩니다. 물론 그런 성격 때문에 치러야 할 대가도 있긴 하지만 타고난 본질을 바꿀 수는 없는 일이지요.

학위도 빠른 기간 내에 마쳤고, 자유기업센터를 운영할 때도 3년 정도에 해낼 수 없을 정도의 분량을 해치웠습니다. 대학 입시 때도 그랬고 매사 목표만을 향해 돌진하는 게 저의 성격이지요.

만일 제가 전업 작가라면 훨씬 더 많은 책을 써냈을 겁니다. 전업 작가가 아님에도 불구하고 제 삶의 중심에는 항상 글쓰기라는 행위가 자리하고 있습니다. 그래서 깨어 있는 모든 시간에 늘 아이디어를 구하고, 정보에 주목하고, 글의 소재에 관심을 갖습니다.

어떻게 보면 글쓰기와 강연으로 생활의 대부분이 이루어진다고 해도 과언이 아닐 것입니다. 혹자는 생활의 균형에 대해 제게 반문하기도 합니다. 하지만 제 스스로가 삶 자체를 행복하다고 느껴서인지 별다른 문제는 없습니다.

다음으로 들 수 있는 이유는 아마도 집중력이 아닐까 합니다. 거의 몰입의 상태라고 할 수 있지요. 집중적으로 일을 처리하다 보니 업무의 생산성 또한 높을 수밖에 없습니다.

다른 하나는 축적을 들 수 있습니다. 학위를 마치고 난 다음 20여 년 동안 글을 썼습니다. 잠시 기업에 몸담았던 2년의 시간을 제외한 모든 시간 동안 트레이닝을 해온 셈이지요. 그래서 효율적으로 글을 쓰는 노하우가 생겼다고나 할까요.

글을 쓰는 것도 일종의 공정과정이라고 생각합니다. 사업을 이루거나 교수가 되는 것과 다를 바 없지요. 제조업뿐만 아니라 모든 공정은 혁신의 대상이 될 수 있습니다. 단위당 성과를 극대화할 수 있도록 다듬고 다듬어서 고쳐가는 것이니 말입니다.

글을 쓰기 전에 블루프린트를 작성해 컴퓨터의 왼쪽에 붙여 놓은 뒤 마감시간을 정해 하루하루 시간과 분량을 체크하며 글을 써나갑니다. 자신과의 한 판 싸움이 펼쳐지는 것이지요. 싸움에서 이기고 지는 것은 모두 자신의 몫입니다. 승리의 기쁨을 누리고 싶다면 스스로에게 보다 엄격해질 수밖에요.

내면을 가꾸면
매력이 넘쳐나요

나이에 따라 각기 다른 매력을 발산하는 사람들을 보면 참 아름답다는 생각이 들곤 합니다. 저 역시 타인의 눈에 비치는 저의 모습이 어떨지 궁금할 때가 많습니다. 자칫 독선과 오만에 빠져 있지는 않은지, 늘 가르치려 들지는 않는지, 고집불통처럼 느껴지지는 않는지 생각하게 됩니다.

그래서 무엇보다 관용을 갖추어야겠다고 마음먹었습니다. 나이를 먹게 되면 자칫 자신의 지식이나 정보 그리고 식견이나 믿음에 대해 맹신하는 경향이 있어서 고집 센 노인이 될 가능성이 높기 때문입니다.

무척 위험한 일이지요. 그렇게 되면 자신보다 아래인 사람을 만날 때마다 자신의 의견이나 주장을 강요하기 일쑤거든요. 이러한 행동들은 스스로를 고립시켜 한 점 섬으로 만들어버리고 맙니다. 그런 사람 곁에는 아무도 머물고 싶어 하지 않으니까요. 피곤하고 짜증나거든요.

"네가 선택할 일이지만, 내 생각은 이런데 한번 참고해 보는 것은 어떨까?"

이 정도의 조언이면 충분하지요. 하지만 이때도 주의할 것은 너무 자주 조언을 일삼지는 말라는 것입니다. 아무리 맛난 음식도 매일 먹으면 질리듯이 반복되는 조언은 오히려 반발심을 일으키거든요. 항상 매력적인 모습을 유지하고 싶은 것은 모든 사람의 공통된 소망일 것입니다. 외적인 변화야 인간의 힘으로 어쩔 수 없는 것이니 받아들이는 수밖에 없지요.

하지만 나이가 들면 내면세계가 겉으로 드러난다고 합니다. 그러니 매력은 결국 스스로 만들어 가는 것이라 할 수 있겠네요.

내 인생은
나의 것

횡단보도를 건너기 위해 걷
던 길을 잠시 멈추고 주위를 둘러봅니다. 노점상이 보입니다. 잡곡을 파
는 아저씨, 푸성귀를 파는 아주머니 등, 몇몇 분이 손님을 기다리며 물건
들을 매만지지만 관심을 기울이는 사람이 거의 없습니다.

누구든 곤곤하지 않은 삶이 있겠습니까만, 추운 날씨에 칼바람을 온몸
으로 맞으며 거리에서 장사하는 모습을 보니 그들의 고단한 삶이 안타깝
기만 합니다. 더군다나 나이가 지긋하신 분들인지라 안쓰럽기까지 하더
군요.

얼마 전 펼친 일간지에서 1946~1957년 사이에 태어난 한국의 50대에
관해 다룬 기사를 보았습니다. 신촌의 한 돼지갈비 집에서 고교 동창생 5
명이 소주잔을 기울이며 나누는 대화가 소개 되었습니다.

공기업 부장인 B씨는 "아무리 궁리해 봐도 이 나이에 퇴직하면 할 수

있는 일이라곤 총 쏘는 것(주유원)하고 경비밖에 없더라"며 "집값 올라 수억 원씩 번 사람들은 내 앞에서 노후의 노자도 꺼내지 말라"고 목소리를 높였다고 합니다.

중앙부처 공무원인 D씨는 "그래도 50대라 다행"이라는 논리를 폈습니다. "우리 세대야 셋방 옮겨 다니다가도 허리띠를 졸라매면 그럭저럭 집 한 채씩은 가질 수 있었고 그게 또 재산이 됐잖아. 요즘 애들은 무슨 수로 저축해서 집 장만을 하겠어"라고 위안을 했답니다.

그러자 말이 끝나기 무섭게 옆에 앉아 있던 중소기업 이사 E씨가 "아, 너는 공무원이니까 그런 소리 하지!"라고 핀잔을 줬다고 합니다.

그들의 한탄스런 목소리와 노점상의 모습이 겹쳐져 이내 씁쓸한 기분이 들었습니다. 어, 어 하는 사이에 흘러가버리는 것이 젊은 날이라더니, 정말 그런가 봅니다. 그래서 누구에게나 준비하는 마음과 자세가 필요한 것일 테지요. 하지만 스스로의 각성 없이는 좀처럼 추진할 수 없는 것이 또한 '준비하는 삶'이란 생각이 듭니다. 그러나 어쩌겠습니까. 누구도 대신 살아줄 수 없는 한 번뿐인 내 인생인걸요. 멋지게 살아봐야 하지 않겠습니까.

차근차근
하나하나
준비하세요
공든탑이
무너지는 것
보셨어요?

새벽을 여는
아버지

새벽이란 단어는 항상 아버지를 함께 떠올리게 합니다. 저희 7남매를 키우시느라 아버지는 늘 이른 새벽에 일어나셨지요. 말이 일곱이지, 그 많은 자식을 어떻게 키우셨는지 참 존경스럽기만 합니다.

아버지의 모습을 통해 자연스럽게 부지런함을 배웠습니다. 그런 습관이 몸에 배어서인지 언제 어디서건 맹목적으로 시간을 보내는 경우는 없습니다. 자투리 시간이라도 나면 늘 책을 읽고 생각을 합니다. 생각의 대부분은 이런 것들입니다.

세상은 어떻게 변화할까? 기회는 어디로부터 오는 것일까? 그렇다면 위기는? 이 정보는 나에게 어떤 의미일까? 그 일이 잘못된 것은 어떤 이유일까? 더 잘하기 위해서 무엇을 해야 할까? 이 일로부터 혹은 저 일로부터 내가 배울 수 있는 것은 무엇일까? 이 사람의 일생으로부터 나는 어떤 교훈을 얻을 수 있을까?

이런 생각의 과정을 통해 저는 많은 것을 생산해냅니다. 물론 흡족하지 않은 결과를 가져오는 것도 있지만요. 그렇더라도 긍정적인 성과를 얻는 경우가 훨씬 많은 걸로 보아, 풍부한 사고력은 키울수록 득이 됩니다.

곧 찬란한 태양이 두둥실 떠올라 온 세상에 그 빛을 뿌리겠지요. 아버지의 사랑처럼 말입니다. 몸소 부지런함을 보이시며 평생을 살아오신 아버지, 보고 싶어도 얼굴조차 볼 수 없는 먼먼 곳으로 떠나시고 나니, 그 마음이 더욱 간절합니다. 지금의 저를 만들어주신 아버지, 정말 감사합니다.

입은 닫고
귀는 열어라

헛헛헛!

하루에 ~
1가지씩 좋은 일을하고
10 사람을 만나고
100자의 글을 쓰고
1000자를 읽으며
10000보씩 걸어라!

정신없이 지내다 어느 날 문득 거울을 들여다보면, 참 낯선 얼굴 하나가 그 안에 있습니다. 이마와 눈가엔 주름이 지고 머리는 희끗합니다. 멋지게 나이를 먹어간다는 건 쉬운 일이 아닌가 봅니다. 얼마 전 일간지에서 '나이 들어 대접받는 7가지 비결'을 소개한 기사를 읽은 적이 있습니다.

첫째, Clean Up. 나이 들수록 집과 환경을 모두 깨끗이 해야 한다.

둘째, Dress Up. 항상 용모를 단정히 해 구질구질하다는 소리를 듣지 않도록 해야 한다.

셋째, Shut Up. 말하기보다는 듣기를 많이 하라.

넷째, Show Up. 회의나 모임에 부지런히 참석하라.

다섯째, Cheer Up. 언제나 밝고 유쾌한 분위기를 유지하는 것이 좋다.

여섯째, Pay Up. 돈이든 일이든 자기 몫을 다해야 한다. 지갑은 열수록, 입은 닫을수록 대접을 받는다.

일곱째, Give Up. 포기할 것은 과감하게 포기하라. 가장 중요하다. 이
　　　제껏 내 뜻대로 되지 않은 세상만사와 부부, 자식 문제가 어느
　　　날 갑자기 기적처럼 변모할 리가 없지 않은가.

이는 나이를 먹어가는 사람이라면 반드시 삶에 적용시켜야 할 교훈이
아닐까 생각합니다. 저에게도 노년에 갖추어야 할 나름대로의 주요 요건
이 있습니다.

우선은 자신만의 생각을 젊은이들에게 강요하듯 가르치지 말자
는 것입니다. 지시하고 명령하고 가르치는 행동
은 상대의 마음까지 사로잡을 수 없기 때문
입니다. 항상 만날 때마다 상대를 가르
치려는 분들을 종종 보게 됩니다. 저
역시 그런 분들을 대할 때면 무척 피
곤하다는 생각이 앞섭니다.

또 하나는 가능한 많이 듣고 많
이 보는 것을 통해 이해의 폭을

넓히는 일입니다. 젊은이들의 문화와 사고방식을 이해하는 것뿐만 아니라 폭넓게 사고하기 위해서는 마음의 문을 활짝 열어놓지 않으면 불가능합니다.

여기에 곁들여 하루 1가지씩 좋은 일을 하고, 하루 10사람을 만나고, 하루 100자를 쓰고, 하루 1000자를 읽으며, 하루 10000보씩 걷는다면 이보다 더 훌륭한 노년은 없을 것입니다. 이것이 바로 '1, 10, 100, 1000, 10000의 법칙'입니다.

감사함이
가슴을 채울 때

"불과 며칠 후면 나는 60세가 된다. 나는 가슴 가득 전율을 느낀다."

여전히 미국인의 인기를 끌고 있는 빌 클린턴이 60세 나이를 앞두고 어느 모임에서 청중들에게 한 이야기입니다. 그는 이어 "어느 날 잠에서 깨어났을 때 문득 내가 나이가 많다는 사실을 깨달았다. 앞으로 살아갈 날보다 이미 살아온 날들이 많은 나로서는 매일 잠자리에서 일어날 때마다 감사의 기도를 올리기로 마음먹었다"고 말입니다.

나는 약간의 아쉬움이 섞인 그의 고백을 통해 "누구에게나 어김없이 찾아오는 노년, 이 조용한 손님을 어떻게 맞이해야 할까?"라는 질문을 스스로에게 던져봅니다.

이따금 석양을 바라보며 운동을 할 때가 있습니다. 그럴 때면 왜 그렇게 세상에 감사한 일들이 가슴 속을 가득 채우는지요. 앞만 보고 질주하던 젊은 날에는 느낄 수 없었던 마음이 뒤를 돌아보게 합니다. 삶이 마냥

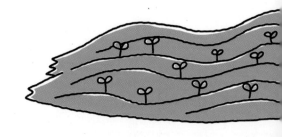

지속될 거라 믿었던 젊은 날에는 상상조차 못 했던 일들이지요.

눈에 띌 정도로 흰머리가 늘고, 또 점점 노인이 되어가는 주변 사람들을 볼 때면 늙는다는 것을 더욱 실감합니다. 시간은 흐르는 강물과도 같습니다. 의미 있는 경험들을 통해 우리는 흐르는 시간을 장식해나갑니다. 그리고 나이를 먹음으로써 얻게 되는 삶의 지혜는 성취를 지향하기보다는 의미를 지향하는 것에 좀더 척도를 두게 됩니다.

노년은 누구도 피해갈 수 없는 당연한 수순입니다. 매사 감사하는 마음으로 의미 있는 시간들을 꾸려나가는 것은 보다 아름다운 노후를 위한 하나의 방편입니다.

아름다운
선택

추적추적, 비 내리는 토요일 오후입니다. 저 멀리 뿌연 안개 사이로 북한산의 모습이 아른거립니다. 토요일 오후가 되면 대부분의 사람들은 어떻게 지낼까요? 사랑하는 연인들은 시내에 나가 영화도 보고 맛있는 저녁도 먹을 테고, 가족들은 가까운 야외로 여행을 떠나기도 하겠지요. 혹은 TV 앞에서 이리저리 채널을 돌리는 분들도 있을 테고, 아이들 손을 잡고 장을 보러가는 분들, 아니면 친구들과 술잔을 기울이는 분들도 있겠지요.

주5일근무제 도입 이후 휴일이 늘어나 여가를 즐길 수 있는 선택의 범위도 넓어졌습니다. 그러고 보면 인생은 끝없이 무언가를 선택하며 살아가는 일인가 봅니다. 노후를 위한 제언을 담은 책을 읽다가 이런 내용을 발견했습니다.

'하루 8시간 정도 꽉 채울 수 있는 독립된 공간에서의 일을 개발해야 한다' 라는 부분이었습니다. 퇴직한 사람들의 공통된 이야기는, 갑자기 엄청나게 많이 주어진 시간을 어떻게 사용해야 할지 당황스럽기만 하다는 것입니다.

그래서 나이를 먹을수록 혼자서도 멋지게 시간을 보낼 수 있는 방법이 필요한 것이겠지요. 하지만 좋은 방법을 많이 알고 있다 해도 삶에 적용시키지 않으면 소용없는 일입니다. 의식적인 반복실천을 통해 습관화하는 것이 중요합니다.

식탁에 마주 앉은 아내가 제게 이런 질문을 던집니다.

"정년퇴직을 하거나 직장을 그만두게 되면 가장 먼저 어떤 일을 하는게 좋을지 아세요? 저는요, 그런 상황에 처하게 되면 예전 고등학교 때의 시절로 돌아갈 거예요. 정해진 시간에 주변에 있는 도서관으로 출근을 하는 거예요. 가능하면 책도 많고 시설도 제대로 갖추어진 곳이 바람직할 것 같아요. 그곳에서 하루에 꼬박 8시간씩 계획을 세워 책을 읽는 거예요. 그렇게 1년 정도 착실하게 지내면 앞으로 어떻게 살아가야 할 것인지에 대한 분명한 해답이 나오지 않을까 싶어요."

참 현명한 생각이 아닐 수 없습니다. 아내의 머릿속에 어떻게 그런 대단한 생각이 들어있는지 슬며시 꼬리가 내려지더군요. 규칙적으로 무엇인가를 꾸준하게 해나가면 방법을 모색할 수 있는 길이 생긴다는 것이지요. 그렇게 떠오른 여러 방법 중 자신에게 가장 적합하다고 판단되는 하나를 선택해 열심히 밀어붙이면 우리의 노후는 불타는 노을처럼 아름답게 빛날 것입니다.